消费者在线定制个性化产品意向的影响机制研究

甄杰 _ 著

中国财经出版传媒集团

经济科学出版社
Economic Science Press

图书在版编目（CIP）数据

消费者在线定制个性化产品意向的影响机制研究/甄杰著.
—北京：经济科学出版社，2018.8
ISBN 978 – 7 – 5141 – 9738 – 9

Ⅰ.①消⋯　Ⅱ.①甄⋯　Ⅲ.①电子商务 – 消费者 –
行为分析 – 研究　Ⅳ.①F713.55

中国版本图书馆 CIP 数据核字（2018）第 212376 号

责任编辑：李　雪　刘怡斐
责任校对：郑淑艳
责任印制：邱　天

消费者在线定制个性化产品意向的影响机制研究
甄　杰　著
经济科学出版社出版、发行　新华书店经销
社址：北京市海淀区阜成路甲 28 号　邮编：100142
总编部电话：010 – 88191217　发行部电话：010 – 88191522
网址：www. esp. com. cn
电子邮件：esp@ esp. com. cn
天猫网店：经济科学出版社旗舰店
网址：http://jjkxcbs. tmall. com
固安华明印业有限公司印装
710 × 1000　16 开　13 印张　180000 字
2018 年 8 月第 1 版　2018 年 8 月第 1 次印刷
ISBN 978 – 7 – 5141 – 9738 – 9　定价：56.00 元
（图书出现印装问题，本社负责调换。电话：010 – 88191510）
（版权所有　侵权必究　打击盗版　举报热线：010 – 88191661
QQ：2242791300　营销中心电话：010 – 88191537
电子邮箱：dbts@esp. com. cn）

前　　言

　　面对互联网以及移动互联网对传统信息传播方式的颠覆性变革，企业的营销观念也越来越倾向于互动性、体验性、差异性和创新性。在此背景下，在线个性化产品定制开始成为企业和网络零售商所采纳的创新性市场策略。本书综合运用电子商务、市场营销、管理信息系统、传播学、消费者行为以及社会心理学等研究领域的理论，采用半结构化的开放式访谈、问卷调查、数学建模与仿真等研究方法，对消费者在线定制个性化产品意向的影响机制进行系统分析和论证。本书的主要工作包括以下五个方面。

　　第一，消费者在线定制个性化产品意向影响因素的探索性分析。运用基于扎根理论的质性研究方法，通过对拥有在线个性化产品定制经历的消费者开展半结构化的在线访谈，并通过扎根理论的定性数据分析方法，初步确定影响消费者在线定制个性化产品意向的因素，在此基础之上构建综合的影响因素模型。

　　第二，基于独特性需求和计划行为理论的在线个性化产品定制意向研究。基于前述质性研究的相关结论，整合独特性需求和计划行为理论的内涵提取和选定相关变量，进而构建了概念模型。通过定量实证研究来揭示在线个性化产品定制意向的影响过程和作用机制。

　　第三，基于使用和满足理论的在线个性化产品定制意向研究。根据前述质性研究的相关结论，采用技术接受模型的理论分析框架，基于使用与满足理论视角构建了概念模型。利用问卷调查来获取消费者对于不同变量之间关系的反馈，通过结构方程模型对概念模型中的变量关系进行验证。

第四，产品涉入度对在线个性化产品定制意向的影响研究。基于前述质性研究的相关结论以及已有研究成果，验证产品涉入度对在线个性化产品定制意向的影响；与此同时，验证自我表达是否在产品涉入度与定制意向两者之间关系中起中介作用。进一步，通过问卷调查来获取数据，利用结构方程模型对变量关系进行验证。

第五，基于可定制水平的在线个性化产品定制模式研究。结合企业和网络零售商在线个性化产品定制实践，提出了基于用户创新的可定制水平的在线个性化产品定制的三种具体模式：基于产品属性选择的在线个性化产品定制、用户参与设计的在线个性化产品定制、一对一式在线个性化产品定制。利用数学建模的方法对三种在线个性化产品定制模式的优劣性和适用性进行分析。

本书通过研究得出了以下四个主要结论。

第一，主观规范、行为态度和感知行为控制对在线个性化产品定制意向有显著正向影响；主观规范、感知行为控制和独特性需求对消费者的行为态度有显著正向影响；独特性需求对感知乐趣和产品创新均有显著正向影响；然而，感知乐趣和产品创新这两个变量对在线个性化定制态度的正向影响不显著。因此，在线个性化产品定制下，独特性需求是个体消费者定制行为态度的主要前因变量。

第二，情感依恋、产品创新对感知有用性有显著正向影响；产品创新、社会交往对感知易用性有显著正向影响；社会交往对消费者所感知到的定制产品的难易程度有显著正向影响。也就是说，产品创新作为使用与满足理论中认知需求在个性化定制情境中的主要提取变量，不仅对消费者所感知到的在线定制的难易程度有显著正向影响，而且会对所感知到的在线定制的有用性有显著正向影响。

第三，产品涉入度对在线个性化产品定制意向有显著正向影响；自我建构在产品涉入度与个性化产品定制意向关系中起中介作用；虽然产品涉入度对个人形象表达有显著正向影响，但是个人形象表达在产品涉入度与在线个性化产品定制意向之间的中介作用不显著。该结论对于企业和网络零售商如何提高个性化定制产品与个体消费者需求之间的匹配水平有着重要管理启示。

第四，以基于消费者创新的可定制水平为基准，纳入个体创新水平最高的一对一式的在线个性化产品定制模式，能够为企业和网络零售商带来最高的创新收益和利润水平；同等成本和定制情境下，在线个性化产品定制过程中能够吸收到的消费者创新水平越高，越能够激发个体的个性化定制行为意向。

本书的创新之处主要体现在以下四个方面：

第一，全面、系统、深入的理论解读。针对已有在线个性化产品定制研究中存在的理论分析匮乏的问题，本书综合运用消费者行为、管理信息系统、市场营销、传播学、电子商务和社会心理学等多个学科的相关理论，系统、全面地对消费者在线定制个性化产品意向的影响机制展开理论分析。

第二，将在线个性化产品定制的表象研究与机制研究相结合。针对已有研究仅从表象上分析个性化定制所产生的价值，本书在严格界定研究范畴的前提下，综合利用多个学科的相关理论，从行为、心理、情感、情绪等多个视角对在线个性化定制意向的影响机制展开研究。不仅突破了对在线个性化产品定制行为的表象分析，而且在理论诠释和实证验证中突出了机制性研究的深度。

第三，采用基于扎根理论的质性研究方法对在线个性化定制行为进行分析。尽管心理学研究中已经普遍接受质性研究方法，然而在电子商务和市场营销领域中采用质性研究方法对个体行为展开分析的研究较少。本书采用质性研究方法分析消费者的在线个性化定制行为，借助基于扎根理论的编码技术，对定性访谈数据中的概念范畴、主题和变量进行归纳、提炼，为后续定量实证研究奠定了扎实基础。

第四，在线个性化产品定制情境下，将自我表达细分为个人形象表达和自我建构，从而深入地分析和验证了自我表达在产品涉入度与在线个性化产品定制意向之间的中介作用。这些结论可以有效帮助企业和网络零售商提高在线个性化产品定制策略的匹配度与精准性。

本书是在我的博士毕业论文《在线个性化产品定制意向的影响机制研究》基础上扩展而成。由于博士毕业论文的主体内容完成于2016年初，文中的相关数据更新到2015年底。2017年和2018年我国电子商务行业无论是在成交量还是在服务水平上均经历了突飞猛进的发展，很多行业交易数据都出现了新的变化。为了不打破博士毕业论文的分析思路、逻辑结构和实证检验结果，在本书出版时仅对相关行业的交易数据进行了更新，并没有对原文中研究样本的数据进行更新。另外，本书无论是在理论分析还是在实证检验方面，均存在一些需要改进和进一步完善的地方，不足之处还请各位专家和读者批评指正。

甄 杰

2018 年 5 月

目 录

第一章　导论 / 1

　　第一节　研究背景与问题提出 / 2

　　第二节　研究目标与研究意义 / 12

　　第三节　研究内容与研究方法 / 18

　　第四节　本书结构与技术路线 / 24

第二章　理论回顾与文献综述 / 28

　　第一节　理论回顾 / 28

　　第二节　在线个性化定制相关概念 / 35

　　第三节　在线个性化产品定制意向的影响
　　　　　　因素 / 39

　　第四节　消费者在线个性化产品定制行为 / 41

　　第五节　文献述评 / 45

第三章　在线个性化产品定制意向影响
　　　　　因素分析 / 51

　　第一节　在线个性化产品定制概念与效用 / 52

　　第二节　理论分析 / 53

第三节　研究方法、设计与实施 / 55

第四节　数据分析 / 58

第五节　影响因素解释及变量提取 / 63

第六节　结论与讨论 / 66

第七节　本章小结 / 69

第四章　基于独特性需求的在线个性化产品定制意向 / 71

第一节　理论分析与研究假设 / 72

第二节　研究方法 / 78

第三节　数据分析与研究结果 / 80

第四节　研究结论与管理启示 / 85

第五节　本章小结 / 87

第五章　基于使用和满足的在线个性化产品定制意向 / 89

第一节　理论分析与研究假设 / 90

第二节　研究方法 / 95

第三节　数据分析与研究结果 / 97

第四节　研究结论与管理启示 / 102

第五节　本章小结 / 105

第六章　产品涉入度、自我表达与在线个性化产品
　　　　定制意向 / 107

第一节　基本概念界定 / 107

第二节　理论分析与研究假设 / 109

第三节　研究设计 / 113

第四节　数据分析与研究结果 / 117

第五节　研究结论与管理启示 / 121

第六节　本章小结 / 123

第七章　基于定制水平的在线个性化产品定制模式 / 125

第一节　相关概念界定 / 126

第二节　在线个性化产品定制模式的分类 / 129

第三节　在线个性化产品定制模式的比较分析 / 133

第四节　研究结论与管理启示 / 138

第五节　本章小结 / 140

第八章　结论与展望 / 142

第一节　主要研究工作与结论 / 142

第二节　主要创新点与研究贡献 / 148

第三节　研究局限与展望 / 153

附录 / 158

主要参考文献 / 170

后记 / 198

第一章

导　论

伴随着互联网经济和电子商务的快速发展，以及企业之间市场竞争的不断加剧，越来越多的企业以及网络零售商开始寻求差异化的市场创新策略来满足消费者日益多样且快速多变的产品消费需求。在线个性化产品定制，作为差异营销、互动营销、体验营销与电子商务的完美结合在此背景下应运而生。尽管在线个性化产品定制由其差异化、独特性以及可定制等特点得到众多消费者的青睐，但是不少企业和网络零售商对消费者在线定制个性化产品的行为缺乏足够的理解和认识，进而导致所提供的在线个性化定制产品不能得到消费者的有效认可。因此，探索和分析消费者在线定制个性化产品行为背后的决策过程、行为和心理活动，便成为学术界和企业界共同关注的焦点问题。作为研究的起点，本章首先对在线个性化产品定制的现实选题背景进行详细阐述；进而明确个体消费者在线定制个性化产品行为意向的影响机制问题；随后，结合企业和网络零售商的实践和相关研究，论证本书研究内容的理论意义和实践意义；最后，根据所确定的研究问题以及所使用的研究方法，设计了本书的研究框架和研究路线，以保证各项研究工作的顺利进行。

第一节　研究背景与问题提出

一、研究背景

从 2015 年初开始，中国政府相关部门陆续颁布了一系列有关"互联网+"的政策文件。例如，在 2015 年国务院颁布了《关于积极推进"互联网+"行动的指导意见》《关于加快宽带提速降费的指导意见》《关于促进云计算发展的意见》《关于促进大数据发展行动纲要》等文件，从而为企业借助"互联网+"这一经济发展新引擎，促进经济和社会融合发展的策略做出重大的战略部署和顶层设计。由此可见，我国在经济发展过程中，已经开始注重将互联网的创新成果融合到经济和社会发展的各个领域之中，进而提升全社会的创新能力和生产能力。

根据中国互联网络信息中心（China Internet Network Information Center，CINIC）2016 年 6 月颁布的《2015 年中国网络购物市场研究报告》：截至 2015 年 12 月底，中国在线购物用户的规模已经达到了 4.13 亿人，较 2014 年底增加了 5183 万人，增长率为 14.3%。与此同时，2015 年全国网络零售交易额达到了 3.88 万亿元，同比增长 33.3%，相当于社会消费品零售总额的比重继续增长至 12.9%。其中，最引人注目的是"商对客"（business-to-customer，B2C）交易额已经达到了 2.02 万亿元①。具体来说，中国网络零售市场最为活跃的

---

① http：//www.cnnic.net.cn/hlwfzyj/hlwxzbg/dzswbg/201606/P020160721526975632273.pdf

产品品类，排在第一位的是服装、鞋、帽类，其在线消费者占整体网民的比例为 79.7%，这一数据与 2014 年相比，增长了 4.1%；排在第二位的是日用百货类，其在线消费者占整体网民的比例为 63.2%；排在第三位的是书籍及音像制品，其在线消费者占整体网民的比例为 51%；排在第四位的是电脑、通讯数码产品以及配件类，其在线消费者占整体网民的比例为 44.8%；排在第五位的是家用电器类，其在线消费者占整体网民的比例为 39.1%。

根据电子商务营销人（eMarketer）的调查数据，2016 年全球网络零售交易额达 1.915 万亿美元，年增长率为 23.7%，预计电商零售额到 2020 年将增长至 4.058 万亿美元，占 14.6% 的总零售额。而 2016 年中国的电商零售额已经高达 8990.9 亿美元，为全球贡献了近一半的电商零售额（47%）①。与此同时，电子信息产业网发布的《2016 年中国网络购物行业发展现状分析》显示：2015 年，中国网络购物市场中 B2C 市场交易规模为 2.0 万亿元，在中国整体网络购物市场交易规模中的占比达到 51.9%，较 2014 年的 45.2% 提高 6.7 个百分点，年度占比首次超过消费者个人间的电子商务（consumer-to-consumer，C2C）；从增速来看，2015 年 B2C 网络购物市场增长 56.6%，远超 C2C 市场 19.5% 的增速②。相关分析指出，企业级电子商务市场的快速成长，除了与宏观市场环境和国内政策的支持密切相关之外，还与企业级电商"深耕"信息服务，不断改善信息服务的体验质量、持续提高精准的在线内容搜索、保证高度相关的在线个性化信息推送等措施密切相关。

由上述分析可知，随着互联网经济以及电子商务的快速发展，面对日益激烈的市场竞争局势，企业的营销观念已经越来越倾向于"以

---

① http://www.199it.com/archives/510416.html
② http://www.chyxx.com/industry/201611/463638.html

销定产",即企业和网络零售商越来越依据消费者的特定需求来开展产品的生产和销售活动。这就使更多的企业和网络零售商逐渐认识到通过借助电子商务的发展,将传统的"以产定销"的生产方式逐渐转向"以销定产"的产品定制生产和运营方式的重要性。因此,在线个性化产品定制策略,逐渐成为企业和网络零售商在电子商务和市场营销等经营活动中所采纳的创新性市场策略,这使在线个性化产品定制这一产品推广策略越来越多地受到学术界和企业界的关注。

为了对企业和网络零售商的在线个性化产品定制策略有全面的认识和深入的了解,本章内容将从在线个性化产品定制的发展历程、国内外企业的在线个性化产品定制实践和在线个性化产品定制中亟待解决的现实问题,这三个方面对在线个性化产品定制进行论述和解析,目的是能够对在线个性化产品定制的基本概况有一个全方位的剖析。

(一) 在线个性化产品定制发展概述

信息技术的快速发展、现代物流产业的日渐壮大以及现代产品设计方法的日益改进,促进了大规模产品定制 (mass customization, MC) 这一概念在电子数码产品、计算机软件以及服饰等众多行业的快速发展。大规模产品的定制强调在产品功能等属性上满足消费者的需求,其主要目的是通过大批量生产实现低成本、高质量和高效率的产品生产方式。例如,戴尔公司 (Dell) 通过实施大规模定制直接面向市场终端客户的产品需求,不仅满足了用户对于电脑硬盘、内存以及处理器等硬件配置的要求,而且有效地降低了公司的库存水平,成为企业在实践中应用大规模产品定制的市场标杆。然而,伴随经济的发展以及个人消费水平的持续增强,消费者的产品需求也逐渐向更高阶段的水平成长。因此,越来越多的消费者希望在产品的消费过程中凸显自我个性、彰显自我特定追求、表达个人独特风格等,这就推动了大规模产品定制逐渐向更为精细的个性化产品定制 (product personalization/customization）方向发展（Hunt et al.，2013）。

　　由于具备信息检索的快速性、产品定制时间的灵活性、产品属性选择的多样性以及定制产品反馈视觉上的及时性等特点，在线个性化产品定制（online product personalization）已经成为众多企业和网络零售商促进产品销售或开拓新市场的有效市场策略（Kwon and Kim，2012）。通过企业或者网络零售商的在线个性化产品定制网站/平台，消费者不仅可以直接定制自己所需要的个性化产品，而且可以在产品定制的过程中充分发挥个体的创造力和想象力。概括来讲，在线个性化产品定制的过程可以表述如下：首先，消费者在线定制产品的需求数据将通过网络传输到在线定制工具/系统的内部；然后，企业或者网络零售商根据所接收到的产品定制信息尽快将产品生产或者组装出来，并快速送达消费者，这一基本过程如图 1 - 1 所示。

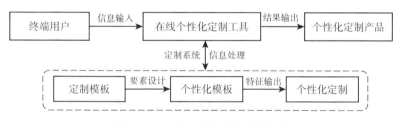

图 1 - 1　在线个性化产品定制过程

资料来源：笔者整理。

　　在线个性化产品定制过程中，消费者通过使用在线个性化产品定制的工具包（online personalization toolkit），不仅可以实现对定制产品不同属性与特征的选择和改变，而且可以参与到产品某些特征和属性的设计过程之中，从而满足不同消费者对于不同种类产品的特定偏好和独特以及个性化的产品需求。在线个性化产品定制这一市场策略，因此也得到不同行业的企业和网络零售商的采纳与推广，并日渐被消费者所喜爱。

（二）国内外企业提供个性化产品在线定制举例

由于兼具差异营销、互动营销、体验营销与电子商务的众多优点，很多知名的国内外企业和网络零售商已经采纳了在线个性化产品定制的市场策略。他们或独立运营自己公司的网站，或借助于第三方网络销售平台，来提供个性化产品的在线定制服务。例如，苹果公司的在线商店（http：//www. apple. com/cn/ipad）就推出了针对 iPad 和 iPod 多款产品的个性化激光镌刻文字服务：该服务允许消费者将座右铭或者自己喜欢的口号镌刻在产品背面，目的是让自己的 iPad 或 iPod 与众不同，进而通过具有个性化标签的产品的使用凸显自己的独特追求；苹果公司 2015 年下半年上市的 Apple Watch（http：//www. apple. com/cn/watch），在个性化产品的定制服务上更进一步：为了满足不同消费者对智能手表的独特偏好和个性化需求，在大量的市场调研和产品分析的基础上，苹果公司设计和提供了 34 款不同的产品组合方案以满足不同消费者的产品需求，从而努力为消费者打造"独特风格，个性如你"的消费标签；摩托罗拉公司旗下的手机定制网站 Moto Maker（http：//www. motorola. com. cn/moto-maker），不仅允许消费者选择自己喜欢的手机前面板颜色、手机后盖材质，而且鼓励用户参与设计手机的开机问候语、手机后壳上的雕刻文字。通过上述特定定制步骤的操作，消费者最终可以得到一台个人专属的个性化定制手机。

不仅电子数码产品的生产制造企业运用在线个性化产品定制为消费者打造个性化的时尚数码产品，一些传统的服饰和运动装备制造企业也开始致力于为用户提供个性化的在线定制产品。例如，耐克公司的专属产品定制网站 NIKEiD（http：//www. nike. com/cn/zh_cn/c/nikeid）专门为消费者提供个性化运动鞋的定制服务：从运动鞋的颜色、材质，到运动鞋后背上的名字和口号，都可以自由自造，专属定制；美国知名男士服饰 Brooks Brothers 不仅在其网站上允许消费者对衬衫及西装的材质、颜色进行选择，还允许消费者对领口、袖口等诸多细节进行设计，用户因此可以得到一套凸显自我独特品位的个性化定制西装。此外，像国外的阿迪达斯、American Gian、J. Hilburn 等不少服装或运动装备企业都推出了类似的在线个性化产品定制服务，而且显著地提升了产品的市场销售额和利润率。

与此同时，一些专注于在线个性化产品定制的网络零售平台也取得了良好的市场反馈。例如，美国著名在线销售工艺品销售网站 Etsy（http：//www. etsy. com/），不仅为全球消费者打造独特手工艺品的交易平台，还为用户提供配饰、家居用品和怀旧产品的在线个性化定制；国内的新居网（http：//www. homecoo. com/）通过将网络设计平台与虚拟现实技术结合，为消费者提供个性化的家居定制服务，从而创造了家居产品的"网络直销"和"个性化定制"相结合的定制家居销售模式；网易集团旗下的印象派网站（http：//yxp. 163. com/）自建立以来，始终致力于为消费者提供高品质的个性化产品定制，消费者可以在该网站上定制个性化的 T 恤衫、配饰、家居装饰品、手机配件、办公用品以及日历等多种类型的个人创意产品。

以淘宝网（https：//www. taobao. com/）、亚马逊（http：//www. amazon. com/）以及易贝网（http：//www. ebay. com/）为代表的综合品类的大型 B2C 电子商务平台上，同样拥有众多为用户提供个性化产品定制的卖家或者店铺，其可实现个性化定制的产品种类涵盖服饰、箱包、鞋品、汽车用品以及各种配饰等。由上述多个提供在线个性化产品定制的企业和网络零售商的现实案例来看，在线个性化产品定制作为差异营销和互动营销的创新性市场策略，已经得到众多企业和网络零售商的采纳，并且现实经济活动中消费者可以实现在线个性化定制的产品已经涉及工作、学习和生活的方方面面。由此可见，在线个性化产品定制行为越来越成为一种具有普遍性的在线消费行为。

（三）在线个性化产品定制中亟待解决的现实问题

由上述分析可知，在线个性化产品定制已经成为企业和网络零售商在发展电子商务和重视差异营销、互动营销的前提下，扩大产品销售和开发新市场的创新性市场策略。然而，对于个体消费者而言，不少企业或网络零售商所提供的个性化产品定制却存在着以下问题。

1. 在线个性化产品定制过程中用户体验较差

一般而言，在线个性化产品定制的实现，需要借助于网站所提供的产品在线定制工具包（online personalization toolkit）。然而，在现实经营活动的实际运行中，一些企业或网络零售商所提供的在线定制工具包操作不够便捷、个性化定制产品的屏幕反馈效果迟缓、定制工具包要求的终端设备配置较高（Dellaert and Stremersch，2005），这就导致了部分消费者在产品定制过程中的用户体验较差，这在一定程度上限制了消费者在线定制个性化产品的意向。

2. 对消费者定制个性化产品的需求认知不清晰

尽管现实经济中，企业和网络零售商为消费者提供了不同产品种类的可定制产品，例如，电子数码产品、服饰、家居用品以及个人配饰等。然而，由于对消费者的独特性产品需求认知不够清晰，造成了所提供的在线个性化定制产品不能够真正满足消费者的产品需求，尤其是在产品的细节属性及具体设计上的问题就更为显著，这就导致了不少可定制产品的网站浏览量很大，然而实际的产品定制次数非常有限，也就说明了企业所推出的个性化定制产品没有得到消费者的认可，即企业的在线个性化定制产品的供给与消费者的实际产品需求不匹配。因此，这在很大程度上抑制了消费者的在线个性化产品定制意向，进而在一定程度上限制了定制行为的发生（意向是行为的主要预测指标）（Heijden et al. ，2003）。

3. 对于标准化的规模产品定制和个性化的产品在线定制界定不清晰

存在这一问题的具体表现就是，一些企业和网络零售商将规模化产品的定制（mass customization，MC）形式，如选择电脑的内存、硬盘等功能属性纳入个性化产品定制（product personalization）的范畴之中，导致消费者对于个性化、差异性以及独特性的追求没有办法通过这样的定制产品予以实现。造成的后果就是，消费者对于企业的产品宣传策略往往非常失望。例如，用户期待通过个性化电脑定制能够在外观上和视觉上直接传递出其独特性和个性化的信息，若企业的定制产品仍然局限在物理性的内部功能属性上，显然就没有办法去满足消费者的个性化定制需求，也就降低了用户在线定制个性化产品的意向，进而会对企业后续的产品推广及市场营销造成负面影响。

4. 不能把握消费者在线定制个性化产品背后的决策行为及其心理机制

与购买标准化的大众产品（standard products）相比，消费者通过在线个性化产品定制可以获取具有独特性和差异化的定制产品，进而消费者获得了更高的产品价值感知和满意度。然而，很多企业和网络零售商对于影响消费者在线个性化产品定制意向的因素依然没有清晰的认知。也就是说，对于消费者在线个性化产品定制背后的心理活动、决策过程以及定制行为等缺乏足够的了解。同样，该问题在一定程度上阻碍了在线个性化产品定制效应的发挥，进而使得不少企业的个性化产品定制策略没有获得应有的市场反应。

二、问题提出

通过归纳和分析上述企业和网络零售商的在线个性化产品定制，

本书梳理出了企业和网络零售商在在线个性化产品定制实践中存在的主要问题。针对企业和网络零售商在线个性化产品定制中亟待解决的现实问题，本书提出了"在线个性化产品定制意向的影响机制"这一研究问题，目的是对消费者在线定制个性化产品背后的需求心理、行为动机、决策过程以及定制行为意向进行分析和研究。本书的研究内容遵循规范研究与实证研究的一般范式，主要完成一项质性（qualitative study）探索性研究、三项定量（quantitative study）的实证研究以及一项数学模型的验证研究，从而对用户的"在线个性化产品定制意向的影响机制"展开深入细致分析。本书将研究课题分解为以下五个问题。

（一）在线个性化产品定制意向影响因素的探索性分析

当前，众多的企业和网络零售商都向用户提供在线个性化定制这一产品或服务。而不同企业所提供的不同种类的个性化定制产品之间，存在某些共同的因素，进而会对消费者在线个性化定制的决策过程及其心理机制产生影响。在该研究问题中，我们将运用质性研究方法围绕"在线个性化产品定制意向的影响因素"这一主题，对拥有在线个性化产品定制经验的个体消费者进行在线访谈，并严格遵守扎根理论的数据分析方法对定性的访谈数据进行量化处理。目的是系统地归纳并梳理出消费者在线定制个性化产品意向的影响因素，为后续的实证研究提供重要的理论参考和实证分析基础。

（二）基于独特性需求和 TPB 的在线个性化产品定制意向研究

基于"在线个性化产品定制意向影响因素的探索性研究"，归纳并梳理出不同类别的影响因素，上述过程是一个探索和发现的过程。然而，在影响消费者在线定制个性化产品意向的不同因素中，每个因素都会直接或者间接地影响消费者的在线定制意向。同时，影响因素对于个性化产品定制意向的影响是否显著？这是我们需要进一步去验证的问题。基于此，首先，通过独特性需求理论（uniqueness-seeking theory）来选取和限定在线个性化产品定制意向的影响因素；然后，结合计划行为理论（theory of planned behavior，TPB）的理论分析框架，对在线个性化产品定制意向的影响因素进行验证；最后，得出研究结论，明确不同的影响因素与定制意向之间的关系，以及不同的影响因素之间是否存在着相互影响关系。

（三）基于 UGT 和 TAM 整合模型的在线个性化产品定制意向研究

在该研究问题中，通过使用与满足理论（uses and gratifications theory，UGT）来选取、限定和解释在线个性化产品定制意向的影响因素，借助于技术接受模型（technology acceptance model，TAM）的理论分析框架，对影响在线个性化产品定制意向的因素进行实证的检验和验证。目的是利用基于 UGT 和 TAM 所构建的整合模型，在在线个性化产品定制情境下，明晰该理论范畴下的影响因素与在线个性化产品定制意向之间的关系，以及不同的影响因素之间所存在的相互作用和影响的过程和机制，同时，在在线个性化定制这一特定情境下，实现对使用与满足理论和技术接受模型的有效扩展和整合。

（四）产品涉入度对在线个性化定制意向的影响：自我表达的中介作用

在该研究问题中，重点分析产品涉入度（product involvement）对在线个性化产品定制意向的影响过程和作用机制。首先，通过自我表达理论（self-expression theory）来限定和解释在线个性化产品定制意向的中介变量。具体来说，通过自我表达选定和解释个人形象表达（self-image）和自我建构（self construal）作为产品涉入度与在线个性化定制意向的中介变量；然后，利用定量实证研究来验证上述两个变量在产品涉入度与定制意向之间的中介作用；最后，对变量之间的相互影响过程、作用机制的产生进行解释和说明。

（五）基于可定制水平的在线个性化产品定制模式研究

企业和网络零售商在向消费者提供在线个性化产品定制的过程中存在着不同的业务组织模式，本书基于用户创新的可定制水平的差异将在线个性化产品定制模式划分为三种不同的模式：基于产品特征和属性选择的在线个性化产品定制模式、用户参与设计的在线个性化产品定制模式、一对一式的在线个性化产品定制模式。并运用数学模型的方法，对三种不同产品定制模式的适用性及优劣性进行分析，以期得出有益于企业和网络零售商在线个性化产品定制实践的相关启示和建议。

第二节 研究目标与研究意义

一、研究目标

本书从消费者在线定制个性化产品的消费行为出发，借助消费者行为以及决策相关理论，探索在线个性化产品定制意向的影响机制，揭示在线个性化产品定制情境下，消费者定制背后的行为动机、购买决策以及不同影响因素之间的作用过程和机制，从而为企业和网络零售商的在线个性化产品定制策略提供有针对性的对策和建议。基于此，本书设定了以下具体研究目标。

（一）构建消费者在线个性化产品定制意向影响因素模型

个体消费者的在线个性化产品定制意向和定制行为，均是基于特定的需求和动机而产生的。在线个性化定制行为作为消费者心理需求的直接表现形式，其背后有不同的需求动机要素的推动和引领。本书从消费者行为、电子商务以及传播学的不同分析视角出发，运用质性研究方法，通过对拥有在线个性化产品定制经验的消费者进行半开放式的在线访谈获取第一手资料，随后运用扎根理论和概念命题的建构逻辑，从消费者的个体心理因素和社会因素等方面揭示影响消费者在线定制个性化产品意向的变量或因素。

（二）明晰独特性需求和 TPB 下在线个性化产品定制意向的影响机制

基于独特性需求理论选定感知乐趣、独特性需求和产品创新三个变量作为计划行为理论中行为态度（attitude）变量的前因变量；确定计划行为理论分析框架中的主观规范（subjective norms）、感知行为控制（perceived behavioral control）两个自变量；将在线个性化产品定制情境下的定制意向（personalization intention）作为因变量，进而形成了研究的概念模型。运用结构方程模型的方法，基于大规模的问卷调查来验证上述变量之间的关系，目的是明确哪些变量与在线个性化产品定制意向之间有显著的相关关系。该研究目标的实现可以明确独特性需求与计划行为理论下的变量间的作用过程、相互关系和机制。

（三）分析 UGT 和 TAM 整合模型下在线个性化定制意向的影响机制

在借鉴已有的成熟技术接受模型的基础上，确定了感知易用性（perceived ease of use）和感知有用性（perceived usefulness）两个自变量；结合使用与满足理论中的认知需求（cognitive needs）、情感需求（affection needs）、个人整合需求（personal integrative needs）和社会整合需求（social integrative needs），确定了产品创新、情感依恋、自我表现和社会交往四个前因变量；然后，将在线个性化产品定制情境下的个性化定制意向（personalization intention）作为因变量，进而构建了研究中的概念模型。通过结构方程模型的方法，基于大规模的问卷调查来验证概念模型中的变量关系，进而明确不同理论框架下的不同变量之间的相互关系，从而得出有益于改进企业和网络零售商在线个性化产品定制策略的管理启示。该研究目标的实现可以明确使用与满足理论和技术接受模型下的影响因素/变量（也是动机）之间的作用过程、相互关系和机制。

（四）验证产品涉入度对在线个性化产品定制意向的作用过程和机制

在该研究问题中，自变量是产品涉入度（product involvement），因变量是在线个性化产品定制意向（personalization intention）；中介变量是根据自我表达理论（self-expression theory）和已有相关研究所确定的个人形象表达（self-image）与自我建构（self-construal）。首先，运用结构方程模型的统计分析方法，基于大规模问卷调查，对变量之间的相关关系做出初步的验证；在此基础上，按照三步回归法进行中介效应的检验；最后，明确产品涉入度对在线个性化产品定制意向的影响机制，从而为企业和网络零售商的在线个性化产品定制策略提供有效的理论和实证支持。该研究目标的实现可以有效揭示产品涉入度对在线个性化产品定制意向的影响机制和作用过程。

（五）明确不同在线个性化产品定制模式的优劣和适用性

在充分总结和分析众多企业和网络零售商的在线个性化产品定制实践的基础上，本书基于消费者创新的产品可定制水平这一独特视角，归纳和提炼出在线个性化产品定制的三种具体形式：基于产品属性选择的在线个性化产品定制、用户参与设计的在线个性化产品定制、一对一式在线个性化产品定制模式。据此，运用数学模型的分析方法对三种不同的在线个性化产品定制模式的优劣性和适用性进行分析和解读，以充分理解和认识在线个性化产品定制这一市场策略，进一步明确不同在线个性化产品定制模式的适用性和优劣性，目的是对企业/网络零售商的在线个性化产品定制实践提供有针对性的对策和建议。

二、研 究 意 义

本书在在线个性化产品的定制情境下,综合运用消费者行为学、社会心理学、市场营销、管理信息系统以及电子商务的多个理论视角,围绕在线个性化产品定制意向的影响机制这一理论界和实践界所关注的热点议题展开理论分析和实证研究。尤其是在国内外众多企业和网络零售商,均已将在线个性化产品定制作为有效的市场策略前提下,研究消费者在线定制个性化产品意向的影响因素及其作用机制,既能够对电子商务、信息系统和消费者行为等理论形成有益的补充和完善,又能够为企业和网络零售商的在线个性化产品定制实践活动提供有效的对策和建议。因此,本书对于在线个性化产品定制的相关研究以及企业和网络零售商的在线个性化定制策略有重要的理论意义和现实意义。

(一) 理论意义

近年来,消费者个体追求个性化的产品消费以及对于在线定制行为的青睐,已经引起了国内外不少学者的研究兴趣,并已经在消费者行为学、电子商务、信息系统管理以及市场营销等相关领域取得了一定的研究成果。然而,这些研究成果对于消费者在线定制个性化产品的行为动机、决策过程以及心理活动的论述和分析较为分散,且没有全面地对在线个性化产品定制意向的影响因素以及不同影响因素之间的作用过程和机制进行研究。究其原因在于,相关文献的理论基础薄弱,甚至不少研究的假设往往是基于学生样本的实验室研究来进行验证,这就造成了研究成果出现了一定的偏差;同时,研究成果在普适化的过程中存在明显的局限性和不足。

据此，本书立足于中国电子商务中在线消费行为以及差异营销和互动营销的发展现状，从管理学的视角（消费者行为和电子商务）出发，系统地对在线个性化产品定制意向的影响机制展开研究，具有重要的理论意义。

（1）利用质性研究方法来构建在线个性化产品定制意向的影响因素模型。通过对拥有在线个性化产品定制经验的消费者进行半开放式的在线访谈，获取关于影响其在线个性化产品定制意向和行为的具体描述。以此为基础，运用扎根理论的数据分析方法，对定性的访谈数据进行编码、归纳和提炼，最后梳理出影响在线个性化产品定制意向的多个因素和变量。该研究工作的完成，对于已有研究中通过行为实验得出的影响在线个性化定制意向的因素，具有更为可靠的现实依据和实证基础，为后续的定量实证研究提供了可靠的现实依据。

（2）运用大规模问卷调查的方法，对个体消费者在线定制个性化产品意向的影响机制进行分析，从而获得关于影响因素之间关系的更加丰富的理论解释和说明。本书分别运用了独特性需求理论、计划行为理论、技术接受模型、使用与满足理论以及自我表达理论等多个理论视角，对影响在线个性化产品定制意向的因素进行解释和限定，目的是保证研究结论的理论解释的严谨性、合理性和正确性，同时对在线个性化产品定制给出不同理论视角的解读。

（二）现实意义

伴随企业级电子商务的迅速发展，以及企业之间市场竞争的日趋白热化，企业为了在激烈的市场竞争中生存下去，必然会不断尝试差异化营销和产品的精细化策略来应对消费市场的持续成熟和升级。如前所述，在线个性化产品定制策略已经成为不少企业和网络零售商进行差异营销和互动营销的重要方式，但是他们在实际的经济活动中对于该策略的运用仍然不成熟，甚至存在着较为明显的问题。本书从消费者在线个性产品定制意向的实践出发，为企业和网络零售商的在线个性化产品定制策略提供了有益的管理启示。

1. 回答了如何从消费者的个性化产品需求出发，来提高在线个性化产品定制的匹配度

无论是基于独特性需求理论和计划行为理论的分析，还是基于使用与满足理论与技术接受模型的实证研究，目的都是为了明确在线个性化产品定制过程中不同的影响因素与在线个性化产品定制意向之间的关系。通过上述两个不同问题的研究，企业和网络零售商不仅可以从消费者行为和心理方面，而且可以从媒介传播和发展的视角对消费者的在线个性化定制行为有一个系统、深入地认识和理解。因此，对于企业和网络零售商提高在线个性化定制产品的客户满意度有着非常重要的参考价值。

2. 解释了为何重视在线个性化产品定制过程中的用户体验

分析了产品涉入度对在线个性化产品定制意向的影响，在一定程度上就是为了说明用户参与产品设计的重要性。因此，企业和网络零售商应该在个性化产品定制的过程中尽可能地让消费者个体参与到产品的定制过程中，充分发挥来自个体消费者的聪明才智和对于产品的特定表达。这不仅有效地提高了定制产品的用户价值，而且借助于用户参与和创新的作用可以将个性化产品定制推向一个更高的发展阶段。

此外，本书对于企业和网络零售商如何提高消费者在线个性化产品定制过程中的感知行为控制；如何改善消费者对于在线个性化产品定制这一行为的态度；如何将主观规范的作用发挥到最大，进而扩大在线个性化产品定制的口碑效应等都有着重要的指导价值。本书对于上述问题的有效解答，不仅能够为在线个性化产品定制实践中存在的

问题提供有效的解决办法，而且能够为企业和网络零售商改进其在线个性化产品定制策略提供有针对性的理论支撑。

第三节 研究内容与研究方法

一、研究内容

本书的研究内容遵循规范科学的研究范式，采用定性分析和定量研究相结合的方法，对在"在线个性化产品定制意向的影响机制"展开深入研究。通过理论分析和实证调查相结合的方式，旨在形成对这一问题的有效解答和丰富解读。根据前述所确定的研究问题以及所设定的研究目标，本书主要包括以下研究内容。

（一）基于质性研究的在线个性化产品定制意向的影响因素分析

运用基于扎根理论的质性研究方法，进行消费者在线定制个性化产品意向的影响因素研究。在已有研究文献的基础上，提出该部分需要解决的核心问题：在线个性化产品定制行为意向的影响因素识别与模型构建。通过对拥有在线个性化产品定制经验的消费者进行半结构化的开放式在线访谈，并通过扎根理论的定性数据分析方法，初步筛选和确定影响在线个性化产品定制意向的不同因素，即从理论的视角回答"应该是什么"的问题。目的是为后续实证研究的理论模型设计，以及定量的实证分析和检验奠定坚实的基础。

（二）基于独特性需求和 TPB 的在线个性化产品定制意向研究

通过大规模问卷调查的方法获取消费者对于在线个性化产品定制

意向的判断和反馈，运用结构方程模型对所确定的理论概念模型以及所提出的研究假设进行检验，即通过定量的实证研究来回答影响在线个性化产品定制意向的因素"事实上是什么？"的问题，进而实现对定制意向影响显著的变量的验证。同时，探究独特性需求理论框架下的不同影响要素之间的相互作用过程，该研究问题的基础理论模型如图 1 - 2 所示。

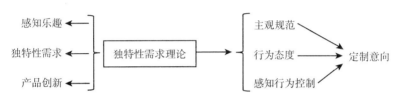

图 1 - 2　基于独特性需求和 TPB 的在线个性化定制意向研究模型

资料来源：笔者整理。

（三）基于 UGT 和 TAM 整合模型的在线个性化产品定制意向研究

根据探索性质研究的结果并结合技术接受模型（TAM），可以确定直接影响在线个性化产品定制意向的两个变量：感知易用性和感知有用性。同时，根据技术接受模型（TAM）可知，（在线个性化产品定制）系统外部存在着影响感知易用性和感知有用性的"外部变量"。该部分研究内容在个性化产品定制情境下，通过使用与满足理论（UGT）来选择和解释可能的外部变量，包括：产品创新、情感依恋、自我表现和社会交往四个变量，进而构建本书中的基础研究模型。通过大规模问卷来获取消费者对于上述变量之间关系的反馈和判断，利用结构方程模型来对概念模型中的变量关系进行验证，从而有效解答"事实上是什么"的研究问题。该研究问题的基础理论模型如图 1 - 3 所示。

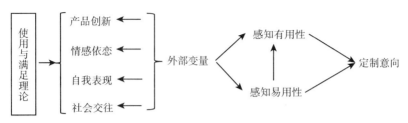

图1－3　基于 UGT 和 TAM 整合模型的在线个性化产品定制意向研究模型

资料来源：笔者整理。

（四）产品涉入度对在线个性化定制意向的影响：自我表达的中介作用

产品涉入度会对消费者的在线个性化产品定制中的自我表达有影响。而结合探索性研究的结果，首先，将验证自我表达对产品涉入度与在线个性化产品定制意向的中介作用，进而确定了本书的基础研究模型，如图1－4所示。根据自我表达理论，确定了需要验证的两个中介变量：个人形象表达和自我建构。在此基础上，通过大规模问卷调查的方法来获取消费者对于上述变量之间关系的反馈和判断。其次，利用结构方程模型来对概念模型中的变量之间的相关关系进行初步的验证；最后，根据中介效应的三步检验法（Baron and Kenny，1986），对存在显著相关关系的变量之间的中介变量进行验证。

图1－4　产品涉入度对在线个性化产品定制意向影响的研究模型

资料来源：笔者整理。

（五）基于定制水平的在线个性化产品定制模式分析

在充分总结和分析众多企业个性化产品定制实践的基础上，基于用户创新水平的可定制水平归纳出在线个性化产品定制的三种具体形式：基于产品属性选择的在线个性化产品定制、用户参与设计的在线个性化产品定制、一对一式的完全在线个性化产品定制。然后，通过数学模型的方法对三种不同的产品定制模式的优劣性和适用性进行分析。

综上所述，本书的研究工作是沿着在线个性化产品定制意向的影响因素有哪些？在独特性需求的理论范畴下，哪些影响因素对个性化定制意向的影响是显著的？在使用与满足理论的范畴下，哪些影响因素对个性化定制意向的影响是显著的？在产品涉入度对在线个性化产品定制意向的影响过程中，自我表达理论范畴下的变量是否起到了显著的中介作用？然后在上述研究的基础上探讨和比较分析在线个性化产品定制模式的适用性这一研究思路展开的。也就是说，本书是采用质性研究和定量研究相结合的研究方法对"在线个性化产品定制的影响机制"展开研究，两种方法互相佐证、补充，从而更加科学、更加精准地回答本书需要研究的问题，整个研究的逻辑思路如图 1 - 5 所示。

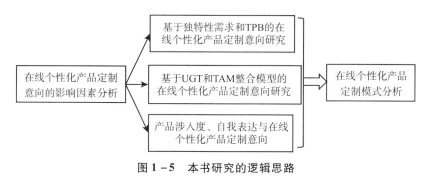

图 1 - 5 本书研究的逻辑思路

资料来源：笔者整理。

二、研究方法

选择合适的研究方法是本书研究工作顺利进行的关键，根据所确定的研究计划，本书遵循规范的科学研究范式，采用质性研究和定量的实证研究相结合的研究方法，系统、全面地分析了在线个性化产品定制的影响机制。根据规范研究范式，本书首先对已有的相关文献进行系统的梳理和述评，进而完成研究问题与理论阐述之间的匹配；然后，通过质性研究抽象出整个研究工作的概念框架；随后，展开基于大规模问卷调查的实证研究，进而完成数据的收集和分析工作。本研究采用了以下六种研究方法。

（一）文献研究

首先，对消费者在线定制个性化产品的影响因素、消费者个体的在线个性化产品定制行为以及在线个性化定制概念及分类等相关研究进行梳理，以述评其存在的局限和可研究的潜在空间，最终目的是明确本书的研究问题和研究层次；其次，提炼与本书研究问题相关的研究结论，目的是将本书的研究问题结构化，并为本书的研究寻找合适的理论基础；最后，从研究问题、研究方法、研究载体属性（个性化产品定制的特点）以及研究结论等不同方面，对文献述评的结果做出解释及评价。

（二）访谈法

访谈法是个体心理和行为研究中收集质性文本数据的一种调查方法（Yin，2003）。本书主要以半结构化的开放式的在线访谈为核心，利用语音软件对拥有在线个性化产品定制经验的消费者进行全方位的深度在线访谈，以获取在线个性化产品定制过程中主要的影响因素。由于半结构化的在线访谈不仅能够有效限定被访者访谈中对问题回答的边界，而且在获取消费者对在线行为解释和说明方面具有更好的效果（Couper et al.，2001），因此，本书所采用的在线访谈不会降低访谈数据的质量。

（三）质性研究——扎根理论

质性研究的目的在于识别社会和经济现象的基本特征，它除了可以验证理论、批判理论之外，同样可以实现理论的建构，回答诸如"是什么？""为什么？""怎么样？"的问题（Denzin and Lincolin，1995）。因此，质性研究兼具描述、解释和探索的功能（Oberseder et al.，1991）。此外，质性研究是分析和研究快速变化的信息系统和电子商务中研究问题的有效方法（Klein and Myers，1999）。基于此，本书严格按照质性研究中扎根理论的理论建构逻辑，对在线个性化产品定制情境下的访谈数据进行编码、概念化和归纳等操作，从而发掘出影响消费者在线定制个性化产品行为意向的因素，构建在线个性化产品定制意向的影响因素模型。

（四）问卷调查

本书运用大规模问卷调查的方法，获取消费者对在线个性化产品定制的心理感知和行为体验，目的是验证理论模型中影响消费者在线个性化定制意向的因素和反应机制。具体过程为：针对目标理论（概念）模型，结合现有研究中被广泛使用的成熟量表完成问卷设计工作；对问卷进行预测试，检验各个变量测量的信度和效度，并对问卷进行修正；进行大规模问卷的发放和回收，为理论模型的验证提供数据支撑。

（五）结构方程模型

结构方程模型（structural equation modeling，SEM），是用来检验关于观察变量和潜变量，以及潜变量与潜变量之间假设关系的一种多重变量统计分析方法，它能够对变量之间的交互关系进行定量的研究。由于是一种非常实用且有效的理论模型检验的统计方法，结构方程模型被广泛运用于经济管理、市场营销、管理信息系统以及心理学等不同学科的研究之中。本书的第四章、第五章以及第六章，采用结构方程模型对样本总体进行模型的拟合度分析、假设检验以及路径分析，进而完成理论模型的检验和分析工作。

（六）数学建模

数学模型（mathematical model）主要是为了特定的目标，用数学的方法对某些现实问题进行缩减和提炼，以便能够构建出现实问题的替代分析模型（姜启源，2001）。本书在第七章中利用数学建模的方法对在线个性化产品定制过程中不同程度的产品定制水平进行数学抽象，进而在缺乏实际市场需求分析数据和决策依据不足的条件下，利用数学模型和数据仿真的方法实现对在线个性化产品定制模式的比较分析。

第四节　本书结构与技术路线

一、本书结构

本书共分为八章，具体章节安排如下。

第一章，导论。首先，在阐述本书的研究背景基础之上，提出和明确了研究问题；其次，介绍了本书的研究目标（五个研究目标）和研究意义（理论意义和现实意义）；再次，阐述了本书的主要研究内容和所用到的研究方法；最后，对本书的结构和整体的技术路线进行概要介绍。

第二章，理论回顾与文献综述。本部分主要分为两个类别的内容，第一部分是相关理论的回顾，主要对有关在线个性化定制的相关理论背景进行梳理。第二部分是文献综述的内容。首先，通过英文文献数据库科学网（Web of Science，WOS）和中文文献数据库 CNKI 来搜集和整理国内外学者有关在线个性化产品定制的研究；在此基础上，分别对在线个性化定制的相关概念、在线个性化产品定制的影响因素以及消费者个体的在线个性化产品定制行为进行回顾与总结，并完成文献的述评工作；最后，通过对文献的梳理进一步明确本书的研究内容、研究层次和研究思路。

第三章，在线个性化产品定制意向影响因素分析，为本书的质性研究部分。主要通过对在网易印象派网站有在线个性化产品定制经历的消费者进行在线访谈，以获取消费者在线个性化定制过程中的心理活动和决策行为的相关信息，并利用扎根理论的数据分析方法完成对定性访谈资料的编码、归纳与提炼等量化处理过程。最终提炼在线个性化产品定制意向影响因素模型。

第四章，基于独特性需求的在线个性化产品定制意向研究，为本书的第一个定量的实证分析部分。主要以大规模的问卷调查来获取个体消费者对于在线个性化产品定制意向的反馈和判断信息，目的是验证独特性需求理论和计划行为理论范畴下哪些影响因素与在线个性化产品定制意向之间具有显著的相关关系。

第五章，基于使用和满足的在线个性化产品定制意向研究，为本书的第二个定量的实证分析部分。主要是以大规模问卷调查的方式，来获取个体消费者对于在线个性化产品定制意向的反馈，目的是验证使用与满足理论（UGT）和技术接受模型（TAM）理论范畴下哪些影响因素与在线个性化产品定制意向之间具有显著的相关关系。

第六章，产品涉入度、自我表达与在线个性化产品定制意向，为本书的第三个定量的实证分析部分。同样是以问卷调查的方式，来获取个体消费者对于在线个性化产品定制意向的反馈。在分析过程中，首先对变量之间的相关关系进行验证；在此基础上，再判断自我表达理论范畴下的变量的中介作用。

第七章，基于可定制水平的在线个性化产品定制的模式研究。企业或网络零售商在提供个性化产品的定制过程汇总存在不同的组织模式。本章主要是基于可定制水平对在线个性化产品定制划分为三种不同的组织模式，并对不同模式的优缺点进行分析，然后利用数据仿真的方式对模型分析所得出的结论进行验证。

第八章，研究结论、研究启示与研究展望，为本书全部研究内容的总结。总结了全书的主要研究结论和创新点，并指出本书中存在的一些局限，最后对今后的研究方向和研究热点提出了一些有针对性的建议。

二、技术路线

本书围绕"在线个性化产品定制意向的影响机制"展开四个方面的研究：理论研究、（概念）模型构建、（定量）实证研究以及基于数学模型分析的对策建议的提出。本书综合利用管理学、经济学和社会学中的相关理论与研究方法对这一研究主题展开了广泛、深入的研究。根据所确定的研究内容，以及所涉及的研究方案，本研究的技术路线如图 1-6 所示。

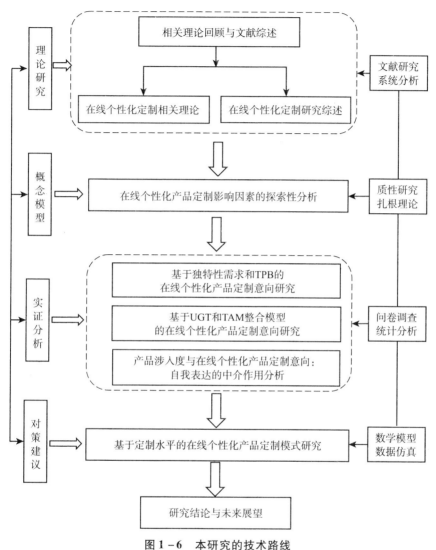

图 1-6 本研究的技术路线

资料来源：笔者整理。

第二章

理论回顾与文献综述

　　个体消费者的在线个性化产品定制行为，已经引起了消费者行为学和市场营销等学科领域的关注。本章首先对个性化定制相关的各个学科的理论基础进行回顾，目的是从多个理论视角对该问题有一个多视角的认识；其次，对在线个性化定制的相关文献进行梳理和述评。基于此分析思路，本章主要包括三部分：第一部分是相关理论的回顾。主要包括：独特性需求理论、使用与满足理论、自我表达理论、计划行为理论和技术接受模型；第二部分的文献综述又分为三个小节：对在线个性化定制相关概念的整理、对在线个性化产品定制意向的影响研究进行总结、对消费者在线个性化产品定制行为进行分类处理；第三部分是对现有文献研究的述评，并以此为基础明确本书的研究特色。

第一节　理　论　回　顾

　　从市场营销、消费者行为学、传播学以及管理信息系统等多个不同的理论视角出发，对与"在线个性化产品定制"相关的理论基础进行回顾。同时，通过对相关理论中概念与变量之间关系的梳理，为后续的实证研究提供一个理论分析框架，更为本书与其他相关研究成果的比较提供了一个实用基准。

一、独特性需求理论

独特性需求理论（uniqueness-seeking theory，或 ueed for uniqueness）提出的基础是个体寻求与他人一定程度的差异是一种普遍性的需求（Snyder and Fromkin，1977）。根据独特性需求理论的解释，个体寻求独特和与众不同是为了创造差异化以尽量减少由于与别人的过度相似所造成的对自我身份认同和形象识别的负面影响，其最终目标是提高和凸显个体在组织和社会群体中的形象（包括个人形象 self-image 和社会形象 social-image）以及地位等社会建构要素（Snyder and Fromkin，1977；戚海峰，2012；Ruvio，2008）。同时值得注意的是，人们普遍倾向于建立和维持一定程度/适度的独特性和差异性，因为高度的差异或者高度的一致都会给个体带来负面情绪的困扰，而低程度的独特性和差异化又没有办法实现自我形象等要素的提升（Fromkin，1972）。这也就意味着，只有适度的差异才可以满足个体的独特性需求的同时，又可以带来积极的情绪反应。

不少学者的研究已经证明了，不同的个体往往试图通过多种方式和渠道来满足自身追求独特的需求，包括：对事物的态度、创新能力、个人性格特质、生活和工作经历、群体成员属性、签名、个人消费、与他人沟通的方式、知识专长、购买等（Lynn and Snyder，2005；陈阳等，2005）。然而也有研究同时证明，大多数人往往更加倾向于通过消费行为和所拥有的物质产品来满足他们追求独特和与众不同的需求，具体表现为：对限量产品的向往和追求、对新产品和新技术的采纳、对个性化定制产品的追捧、对次流行或复古产品的喜爱、对特殊购物场所和购物环境的偏好、购买非大众化的特殊商品、率先接受新鲜产品等方面（Tian et al.，2001；Bloch et al.，2003；陈阳等，2005）。人们之所以偏爱通过物质消费的方式来传递差异和与众不同，是由于通过这种方式来凸显自我个性和自身的独特性需求所遭受到社会排斥（social exclusion）和社会惩罚（social punishment）的可能性/风险最小（Wan et al.，2014）。

在上述凸显消费者独特性和与众不同的消费行为中，购买和使用个性化定制产品受到了不少消费者的偏爱，同时也引起了不少学者的研究兴趣。例如，有学者证明了消费者使用个性化定制产品可以直接传递出独特和与众不同的信号，他们还通过大量的实证数据分析表明：与独特性需求较低的消费者相比，独特性需求高的消费者购买个性化定制产品的意向更加强烈和显著（Lynn and Harris，1997）。此外，也有研究者通过实验研究为参与者提供了可以在家居公司网站上订购不同个性化部件来设计自己专属台灯的实验方案，结果表明与独特性需求一般的消费者相比，具有高度独特性需求的消费者在台灯的形状、颜色、材质和底座的选择上差异性表现更加显著（Tian et al.，2001）。因此，本书采用独特性需求理论来选取、限定和解释相关变量对于个性化产品定制意向的影响。

二、使用与满足理论

使用与满足理论（uses and gratifications theory，UGT），是解释媒介传播和使用的理论，它从受众视角分析了个人用户对特定媒介的使用动机，以及个人通过媒介的使用可以获哪些行为和心理上的效用与满足（Stafford et al.，2004）。不同于认为受众是被动接受媒介的其他理论，UGT 通过分析受众对媒介的主动使用动机和获得需求满足来考察大众传播给受众带来的心理和行为上的效用（Venkatesh et al.，2003）。基于此，UGT 侧重从个体的心理动机和社会需求方面来分析个人对特定媒介的选择和使用。

随着互联网以及移动互联网的日渐普及，消费者在媒介使用中的主动性得到了更好的发挥，UGT 也被越来越多的学者用来解释消费者对网络媒介的使用动机以及所获取的效用满足（Luo and Remus，2014；Sutanto et al.，2013；赵欣等，2012），甚至是网络使用的成瘾问题（张锦涛等，2014）。而学者们通过研究发现，消费者对基于（移动）互联网的特定媒介的使用，主要是为了满足个人的认知需求、情感需求、个人整合需求和社会整合需求（Chua et al.，2012）。因此，本书考虑用 UGT 来选取、限定和解释消费者在线个性化产品定制的心理动机和个体需求相关的变量。

三、自我表达理论

自我表达（self-expression）是指通过行为、言语或选择来表达个人看法和感觉，进而将自我思想和观点传递给外界环境的一种行为（Kim and Sherman，2007；曹文等，2009）。社会心理学家通过大量的研究已经表明，实体产品的某些属性能够与消费者的个体特征很好地结合起来或者达成一致性，物质产品的消费和使用因此可以成为消费者表达自我的一个有效途径（Aaker，1999）。此外，消费者产品偏好、个人想法的表达可以看作是自我表达（对个人特点和属性的声明）的一个重要方式（Kim and Drolet，2003）。因此，消费者往往期望在产品消费和选择中充分表达内心的独特想法和感觉，这也是消费者渴望通过个性化和独特性的产品来传递自身特定信息的原因所在（Kim and Sherman，2007）。消费者个体的自我表达显著地依赖于其个体的自我概念（曹文等，2009），这是由于自我表达的完成不仅需要个体投入想法和主意，甚至需要通过细节的设计来传递他（她）是谁，以及他（她）想要成为什么样的人以及想要什么样的生活方式等特定信息（Saenger et al.，2013）。通过个性化产品的选择和使用，消费者可以将自身想要表达的无形的内在信息通过有形、可以接触的实体产品表现出来。

如上所述，消费者为了在社会生活中实现自我表达和自我建构倾向于选择与他们内在相一致的产品（Belk，1988）。而随着信息技术和网络经济的发展，消费者可以通过在线定制的方式得到符合自身偏好和需求的个性化产品（Li and Unger，2012）。换句话说，消费者不仅可以通过选择不同的产品属性特征，得到满足自身偏好的个性化产品，进而通过这些产品来表达他（她）们的内在特征（他（她）们是谁）（Chan et al.，2012）；而且借助于在线个性化定制，消费者可以参与到定制产品的设计过程之中去，所以消费者可以按照自身的想法来展示产品，进而通过产品的外观属性在视觉上传递他们的个人形象（Cardoso et al.，2010；Kressmann et al.，2006）。实际上，消费者在消费中想要通过产品来传递或者展示自我概念和自己的身份相关的信息都属于与"我"有关的身份认同方面的信息；而与价值观和外在属性相关的特征属于个人形象（Mittal，2006）。因此，本书提取自我表达中的个人形象表达和自我建构两个维度来考察对在线个性化产品定制意向的研究。

四、计划行为理论

合理行为理论（theory of reasoned action，TRA）认为个体行为只

有在其行为意向的控制范围内才会发生（Fishbein，1967）。TRA 主要用于预测个人的行为意向，所谓行为意向是指在特定情境下实施某一行为而得到预期成果的判断；行为态度和主观规范两个关键变量对个体的行为意向起决定性作用（Davis et al.，1989）。行为态度指个人在特定情境下执行具体行为的意向，以及对该行为综合性的主观评价（包括正面评价或负面评价）；主观规范指个人在实施特定行为时所感知到的来自外部环境的影响，它反映的是重要他人或团体对个体行为的影响（Mathieson，1991）。然而，个人行为的发生并不完全只受行为意向的影响，还会受到个人所具备能力和资源的影响（Ajzen，1991）。因此，应该将感知行为控制这一变量（个人所感知到执行特定行为的容易或困难程度）引入到 TRA 中，也就是说，个人行为意向不仅受到行为态度和主观规范的影响，而且显著地受到感知行为控制的影响（Ajzen，1991），进而在此基础上提出了计划行为理论（theory of planned behavior，TPB）。

TPB 之所以能成为电子商务、市场营销、消费者行为分析以及管理信息系统等多个研究领域内解释消费者个体行为的普适性理论，是由于它综合考虑了个体行为发生的多方面影响因素。行为态度体现了个人的内在态度；主观规范体现了外部环境对个人行为的影响；感知行为控制则体现了个人对于执行行为能力和资源方面的感知（邓新明，2012；赵斌等，2013；李泊洲等，2014）。此外，个体拥有大量关于行为的信念，但在特定情境下只有特定的行为信念会起作用，这些信念是个人行为态度的前提和基础，对行为态度产生一定影响（Bulgurcu et al.，2010），整个 TPB 的理论建构模型如图 2－1 所示。本书在探究影响消费者在线个性化产品定制意向的因素过程中，以及在独特性需求理论的范畴下均借助了 TPB 的理论分析架构。

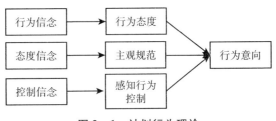

图 2 - 1　计划行为理论

资料来源：布尔库·布尔古库等（Burcu Bulgurcu et al.，2010）。

五、技术接受模型

信息系统以及消费者行为领域的研究发现，社会心理学中的意向模型可以作为消费者个体行为决策研究的理论基础（West and Turner，2010）。目前，影响最为广泛的信息技术接受理论是 F. D. 戴维斯（F. D. Davis，1989）基于理性行为理论（theory of reasoned action，TRA）所提出的技术接受模型（technology acceptance model，TAM），该理论模型主要用来评价和解释消费者对信息系统、新技术和特定媒介的采纳和使用行为（Mathieson，1991；高芙蓉和高雪莲，2011）。

TAM 提出，决定消费者对信息系统和其他技术/媒介采纳或接受程度的影响因素主要有两个：感知有用性（perceived usefulness），即消费者认为采纳某一特定的技术或媒介能够提升自己的工作/生活表现；感知易用性（perceived ease of use），即消费者认为对某一特定技术或媒介容易采纳和使用的程度（Davis，1989）。而感知的易用性和感知的有用性由外部变量（如系统设计特征、任务特征、开发或执行过程的本质等）共同决定（Venkatesh，1999），如图 2 - 2 所示。

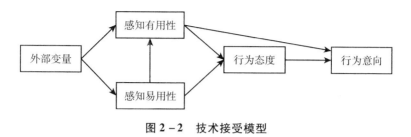

图 2 - 2　技术接受模型

资料来源：维纳瓦纳·文卡塔什（Viswanath Venkatesh，1999）。

上述两个关键变量（感知有用性和感知易用性）对个人行为意向的影响无论是在互联网的普及和应用，还是在其他新兴技术被消费者接受和认可的研究中得到了普遍验证（Yang，2013）。同时，随着新兴技术形式的广泛发展以及研究情境的日渐复杂，有不少学者基于特定情境提出了技术接受模型的改进模型（吴亮等，2012）。基于此，本书在第五章中采用 TAM 的基本理论分析框架，并在此基础上进行改良，以解释和验证在线个性化产品定制意向的作用过程和机制。

第二节　在线个性化定制相关概念

本书文献综述中的英文文献的数据来源于科学网（WoS）数据库，检索的主题词分为两类：个性化定制（personalization）或个性化定制产品（personalized products）；定制化（customization）或定制化产品（customized products），文献的类型主要是论文；而对于中文文献的检索和收集主要是利用中国知识基础设施工程（CNKI）数据库，检索的主题是个性化产品定制或在线个性化定制。在完成文献的检索和搜集整理之后，通过文献的研读筛选出与本书的研究主题高度相关的文献完成文献述评的工作。

一、个性化定制的概念及类别

所谓个性化定制是指客户化产品或服务的定制过程，也就是说实体产品或者服务的提供商所提供的产品或服务能够满足不同用户的个性化要求和特定的偏好（Kramer et al.，2007）。随着产品细分市场的发展和服务的精细化程度的不断提升（徐哲等，2012），以及信息技术的持续发展和迅速推广，基于定制的理念又出现了在线个性化定制，且包括产品和服务两种不同的形态（Moon，2002）。在线个性化定制就是为了满足消费者日益凸显的个性化产品或服务需求而出现的、通过网络平台进行交易的新型的电子商务和管理信息系统相结合的服务形态（Montgomery and Smith，2009）。为了深入地对在线个性化产品定制进行分析和研究，需要明确网络环境下与在线个性化产品定制相关的其他类型的实体产品或者服务的定制，进而对不同类型的定制产品或服务的边界有着相对清晰的界定和划分。通过对在线个性化定制概念的梳理，我们发现在线个性化定制又包括两种不同的形式：网络服务/在线内容的在线个性化定制和个性化产品的在线定制。其中，在个性化产品的在线定制发展中，对于消费者需求信息的处理方式和方法又借鉴了在线内容定制的形式。

二、网络服务的在线个性化定制

在线个性化定制的技术（online personalization technologies），可以有效帮助消费者更有效率地发现和利用不同的在线信息。通过用户与在线定制系统不同程度的互动，这些技术可以为用户提供基于他们偏好和使用习惯的服务推荐或在线内容推送（Komiak and Benbasat，

2006）。也就是说，网络服务的在线个性化定制是指网站或在线内容提供商根据用户的浏览或交易记录，向消费者推送高度相关的在线内容或者产品广告（Li and Unger，2012）。例如，亚马逊公司（Amazon）的书籍推荐（基于用户的浏览记录和交易历史）、谷歌公司（Google）的新闻推送（基于用户的使用和搜索习惯）以及亿客行公司（Expedia）的旅游信息推送（基于用户的浏览记录和咨询情况）都是网络服务定制的具体表现形式（Hu and Bodoff，2014）。

　　利用协同过滤、数据挖掘以及点击流分析等个性化定制技术，网络服务的个性化定制可以在正确的时间向正确的用户提供正确的在线内容（Tam and Ho，2005；Olbrich and Holsing，2011）。网络服务的在线个性化定制也因此可以被用来进行客户关系管理，在线内容提供商通过向用户提供个性化的产品来提高用户的忠诚度和信任度（Liang et al.，2006；谢恩等，2012）。因此，网络服务的个性化定制的质量以及其满足个体偏好的精确性对于在线内容提供商的成功具有关键的意义（Kim and Son，2009）。例如，一旦为用户提供了不精确的在线内容，就会导致客户对于在线个性化定制的采纳。因此，为了保证网络服务的个性化定制的服务水平，在线内容提供商或者网络公司需要尽可能地提供更为精细的客户偏好信息。

三、个性化产品的在线定制

　　定制化产品主要是包含定制产品的一些属性和特征，目的是为了让客户享受到更多的便利、更低的成本以及其他的一些好处（Peppers and Rogers，1997）。由于允许消费者对于产品不同属性和特征的选择，所以最终定制成功的产品能够更好地满足客户的偏好（Dewan et al.，2003；Hegde et al.，2005）。由此，产品定制的策略在不同的商业类型中均受到了广泛的关注（Goldsmith and Freiden，2004）。个性化定制产品的"独特性"之处主要体现在：由于个人教育和成长背景的不同（Kumar，2007），造成了用户输入产品定制中的偏好和价值的不同，这就使得定制产品与标准化产品（standard products）有着明显的区别（Moon et al.，2008）。而随着个性化在互联网应用中的不断成长，"产品定制"和"个性化"逐渐实现了更为匹配的融合，也就是在线个性化产品定制的出现和壮大，如图 2 - 3 所示。

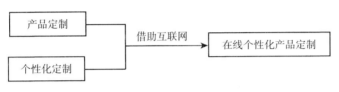

图 2 - 3　在线个性化产品定制的发展

资料来源：笔者整理。

　　基于前人的研究基础，本书中所关注"在线个性化产品定制"是指消费者通过企业或网络零售商提供的在线的产品定制工具包（on-line personalization toolkit），对产品的定制方案进行调整，进而得到满足其特定个性化需求和偏好的个性化定制产品，用户因此通过个性化产品的展示与拥有标准化产品的消费者区分开来（Syam et al.，2008；Hsee et al.，2009）。从某种意义上说，本书所关注的在线个性化产品定制与传统意义上的产品规模定制有显著差异：规模定制强调从产品功能方面满足消费者的实际需求（Jiang et al.，2011），可定制内容主要集中在产品功能属性，如戴尔电脑允许消费者选择处理器、内存和硬盘等（Mendelson and Parlakturk，2008a；2008b）；个性化产品定制强调凸显消费者的个性和与众不同，定制内容侧重在产品的外观属性方面，其目的是得到个性化的产品，通过直观的视觉可以辨别出个性化的定制产品，从而进一步使拥有该产品的消费者与别人区分开来，即传递出的信息就是"我不会追随所谓的大众的潮流"（Irmak et al.，2010；Huang et al.，2014）。

第三节　在线个性化产品定制意向的影响因素

根据研究视角的不同，本节将在线个性化产品定制的相关研究分为两个方面：第一，分析外在社会文化等因素对消费者个性化产品定制意向的影响；第二，论证个体内在情绪等因素对个性化产品定制意向的影响。

一、外在因素对定制意向的影响

一些学者认为经济的全球化使得市场的同质化发展变成一种趋势，以及来自不同国家和地区的消费者对于某种产品的偏好愈发趋向于一致。对于该观点最好的例证来自一些全球流行产品品牌的市场成功（Zou and Cavusgil，1996）。然而，也有不少学者通过研究证明了在一些经济发达国家，人们对于产品的差异性追求越来越显著。例如，在经济比较发达的欧洲地区，虽然多数国家加入了经济、社会和政治结构较为相近的国家所组建的欧盟，但是历史文化价值对于个体的影响还是非常稳定的（Usunier，1997）。换句话说，在个体消费过程中具有不同历史和文化背景的消费者的差异还是相当显著的。例如，不少学者均证明了来自不同国家的消费者具有不同的消费态度、产品偏好以及价值观念（Aaker，2000；Suh and Kwon，2002）。

在线个性化产品定制方面，学者们比较早关注文化定位（culture

orientation）对消费者个性化定制的影响展开研究（Kramer et al.，2007）。研究结果表明，与重视个体主义（individualism）的消费者相比，受到集体主义文化倾向（collective tendencies）影响的消费者，为了保证与群体的集体偏好（collective preference）相一致，倾向于选择没有进行个性化定制的标准化的大众产品。当然，这样的结论只有在消费者接受大众审视（public scrutiny）的产品的消费过程中才会较为显著。更近一步，文化可以划分为三个不同的维度：权利距离（power-er distance）、男子气概（masculine）和集体主义与个人主义（Moon et al.，2008）。并在此研究情境下，分别对三个维度（变量）和对消费者在线个性化产品定制意向的影响展开研究。结果表明，文化背景下的集体主义维度对在线个性化产品定制意向有显著影响；其他两个文化维度对在线个性化产品定制意向的影响不显著。

与此同时，产品类型对于消费者在线个性化产品定制意向也存在显著影响（Moon et al.，2008），在此类实验研究中，被试者对于搜索性定制产品（search product such as computer desk）的定制意向要高于体验性产品（experience product such as sunglasses）的定制意向。而在产品类别方面，便利性商品、选购商品以及专业产品的类别下，消费者在线个性化定制的意向是完全不同的（Thirumalai and Sinha，2009）。一般来说，消费者将会更加倾向于定制专业化的产品。此外，还有学者对于定制产品的价格对消费者定制意向的影响展开研究。例如，还有不少学者从定制产品提供商的角度分析了其应该制定的价格策略，即如何根据定制产品的市场竞争水平制定合适的产品价格策略（Dewan et al.，2000；Syam and Kumar，2006；Moon et al.，2008）。

二、个体内在情绪对定制意向的影响

由于能够在不同程度上与客户实现互动，并且基于所收集到的用户数据可以有效地提高用户行为的精准性推荐服务,在线个性化产品定制在积极影响客户的体验的同时,提高了他们的忠诚度(Zhou et al.,2007)。然而,鲜有研究对个性化产品定制和推荐中的消费者个体内在因素展开研究(Coker and Nagpal,2013)。在线个性化定制或许能够增强企业与消费者之间的关系,即通过满足消费者的特定需求以保证消费者满意度的同时,能够有效地促进消费者的再次定制(Giannakos et al.,2011;杨勇等,2015)。然而,已有的研究表明个性化定制并不能够总是保证客户的重复购买,这是由于其他的一些因素可能会降低或者转化这种关系(Chen and Hitt,2002)。也就是说,消费者购买个性化定制产品并不总是有好的体验,与此相对应,个性化产品定制同样会经历消极的口碑效用(word of mouth)。因此,消费者的个体内在情绪或者是体验就会对自己或者他人的在线个性化产品定制意向产生影响(Koo and Ju,2010)。也就是说,情绪会对消费者的消费态度和行为产生正向或负向的影响(Penz and Hogg,2011)。

在线购物行为的研究中,情绪因素(例如,高兴和激励)会对在线购物环境与在线购物行为和决策之间的关系产生调节作用(Mummalaneni,2005)。在线个性化定制作为线上行为一种具体形式,情绪因素也会对在线个性化定制中的决策行为产生影响。之前的研究已经证实了,个性化定制会影响消费者购买产品的意向。尤其是,消费者提供个性化的信息有助于其行为意向的产生(Ha et al.,2010)。此外,研究还发现积极的情绪(例如,高兴、自我肯定等)对消费者在线定制个性化产品意向有积极影响;消极的情绪则在一定程度上降低了消费者对个性化定制的意向(Pappas et al.,2014)。

第四节 消费者在线个性化产品定制行为

在回顾和总结了外部社会文化等环境因素以及个体内部情绪因素

对在线个性化产品定制意向的影响之后，不难看出，在线个性化产品定制虽然出现了较为明晰的研究脉络，但在个体消费者的在线个性化定制行为的研究方面还需要对此进行深入的研究。为此，我们将对个体的在线个性化定制行为的动机、决定因素和具体表现等特征进行梳理和总结。

一、在线个性化产品定制中的变量关系

在解释和说明个体行为的众多理论中，无论是管理信息系统领域的理性行为理论（TRA）、计划行为理论（TPB）、技术接受模型（TAM），还是消费者行为研究领域中的态度理论，或者是传播学中的使用与满足理论，都用个体的行为意向（intention）或行为意愿（willingness）来预测和表示实际行为的发生，这是由于一个人形成的具体行为意向会影响其随后的行为（Fishbein and Ajzen，1975；李东进等，2009）。

由上述分析可知，行为意向并不代表会发生实际的行为，而是在既定情境下执行某一特定行动而得到预期表现的意愿。与市场营销等领域的研究相一致，众多在线个性化产品定制的相关研究中，不少学者均采用在线个性化产品定制意向来表示和预测在线定制行为（Fiore et al.，2002；Simson，2005；Kamis et al.，2008；Moon et al.，2008；Franke et al.，2010）。

二、在线个性化产品定制的价值

本节将从消费者个体视角梳理通过在线个性化产品定制，消费者所能获取的价值。之所以对这方面文献进行整理，原因有两个：在线

个性化产品定制行为涉及一系列不同的心理和行为测量指标。由于这些测量指标一般来说比较稳定，所以根据这些心理特征和测量指标能够为本书的研究提供一些有参考价值的视角；不同的消费者对于个性化产品定制的价值认知存在一定差异，综合地梳理和总结在线个性化定制行为中的心理特征和行为分析指标，能够对消费者的在线个性化定制行为有更加全面的分析。

（一）　基于用户偏好满足的价值

在明确自身偏好和特定需求的前提下，通过在线个性化产品定制消费者能够获取比使用标准化产品更高的价值满足（Franke et al.，2009）。

1. 产品与个人偏好的更好匹配

消费者在做出产品决策时，往往倾向于实现产品与偏好的匹配，从而获得最优的产品使用价值（Schwartz et al.，2002）。然而，在这一过程中消费者需要明确产品偏好，并且能够顺畅地表达想要的定制产品特征（Simonson，2005）。实际上，消费者个体多数情况下并不能准确地表达出自己的产品偏好，因此，对于产品的选择或定制往往取决于产品提供商给出的产品选择方案（Yoon and Simonson，2008），只有在消费者能够明确表达自己的产品偏好时，个性化产品定制中对于产品颜色、材质等外观方面的定制才能够为消费者创造更多的使用价值（Franke et al.，2009）。

2. 功能上的满足（functional benefits）

在个性化产品定制尽管存在着外观上的独特性信息的传递，但是，在某些产品的个性化定制中还是会在一定程度上考虑产品功能上的满足（Bharadwaj et al.，2009）。例如，在个性化手表的定制过程中，尽管定制手表需要传递个性化的信息，但是必须保证个性化定制手表在"时间告知"这一基本产品需求上的满足（Schreier，2006）。

与此相类似，如果关注定制化产品的市场策略，可以发现产品的功能、个性化程度与定制的复杂性之间的关系。即在产品定制的过程中，需要考虑消费者个人的技术能力等因素，以保证定制策略的有效性（Dellaert and Stremersch，2005）。

（二）基于消费者参与设计的价值

信息技术的发展促进了互联网经济的发展，这就使得很多公司开始通过在线个性化产品定制的方式向消费者出售自己的产品（Brun and Zorzini，2009）。这种企业与个体消费者之间的互动使得在线个性化产品定制这种形式受到了越来越多的消费者欢迎（Skipworth and Harrison，2006）。通过向消费者提供在线个性化定制的工具，在线个性化定制大大降低了消费者创造一个新产品的难度。因此，在线个性化定制产生了一种"我设计的"定制效应的出现（Franke et al.，2010）。

1. 心理所有权（psychological ownership）

现有的研究已经表明，与单纯地购买产品的消费者相比，参与到产品的设计并完成产品的购买的消费者所产生的与产品之间的关联将会更加的紧密（Reb and Connolly，2007）。与此相对应，这样的产品无疑对于消费者的主观体验（subjective feeling）来说具有更加高的产品所有权感知和使用价值（Franke et al.，2010）。例如，张德鹏等（2015）通过研究证实了，用户参与到企业的互动营销或产品创新中这一活动，不仅会强化用户与企业之间的情感关联，而且会充分激发用户的创造力和购买力，同时能够强化用户与企业之间的共创体验。也就是说，对于产品的心理所有权将会明显提高用户对于产品的价值判断，从而也会提高消费者的购买意向和支付意愿（Strahilevitz and Loewenstein，1998；Shu and Peck，2011）。

2. 成就感（feeling of accomplishment）

在消费者定制个性化产品的过程中，消费者无疑需要付出更多的时间、精力和注意力等个人努力，这也就意味着，当产品完成的时候消费者将会体验到某种成就感（Williams and DeSteno，2008；Franke et al.，2010）。通过参与到产品的完成过程中，或者自己完成对产品的设计，消费者会获得一种积极认可的内在驱动力。这种积极的情绪包括成就感和满足感等，会促使消费者产生更大的动力和更高的热情去参与到产品的设计之中（阎俊和何欣，2010）。这种自我定制自我奖励的过程本身就是很多消费者选择个性化产品定制的原因，完成最终产品的定制后会产生一种骄傲的成就感也是多数人的反馈（Schreier，2006）。

第五节 文 献 述 评

在线个性化产品定制作为差异营销、互动营销、体验营销、电子商务以及管理信息系统多个领域相关实践的交叉产物，在西方发达国家的企业和网络零售商的实践中被较早地应用。同时，由于国外大型企业和网络零售商比较注重用户的实际体验，而且比较关注细分产品市场的培育和发展（Novshek et al.，2006），这就使得国外学者对于在线个性化产品定制的研究起步较早、研究成果相对较为丰富。基于此，本章对于在线个性化产品定制的文献整理与总结工作主要基于国外学者的相关研究。为了从研究问题、研究方法、个性化定制产品的属性和特点、研究的主要发现等不同的维度，对相关研究进行整体的比较和分析之后，有以下几点发现。

一、关于研究问题

在线个性化产品定制这一研究主题下，虽然出现了不少具有重要实践参考价值的早期研究，但是后续研究显然存在研究视角和研究问题相对集中的现象，这就导致已有研究的结论和发现具有相当的局限性和重复性，而没有对在线个性化产品定制实践中所出现的前沿问题及时跟进。例如，不少研究从个体消费者视角来展开，所涉及的具体问题主要包括：在线个性化产品定制可以为消费者带来哪些价值？有哪些因素会影响到消费者购买在线个性化定制产品的决策或支付意愿？消费者个体差异对消费者购买在线个性化定制产品有何影响？而立足于企业视角的研究主要关注具备哪些特质的消费者会购买在线个性化定制产品？与此同时，对于上述问题的研究也较为零散，缺乏系统、全面的论述和实证分析。而对于如何有效引入和利用大数据分析平台以实现对消费者个性化需求数据的及时收集和分析？如何利用增强现实（augmented reality，AR）技术，将目标个性化定制产品通过真实环境和虚拟物体的实时叠加在同一个画面中予以展现，进而提高客户对于定制产品的视觉感知等前沿问题还鲜有涉及。因此，在线个性化产品定制这一研究领域还存在广阔的研究空间和可能性。

二、关于研究方法

已有研究在论证和分析过程中主要采用了概念框架分析和实证方法，而在实证研究中多数研究又采用了以学生为样本的实验研究。这类研究通过模拟被试对象在特定个性化产品定制情境下的表现（performance），来对相关问题进行探讨、分析和解释。除此之外，也有少数研究采用问卷调查的方法对产品类型、定制价格、文化背景等因素，对个性化产品定制意向的影响进行验证。然而，单独地使用实验研究方法可能会导致研究的样本不具有普遍的代表性，进而使得研究结论在普适化的过程中受到相当的质疑。与此同时，基于学生样本的问卷调查所开展的实证研究，样本的同质化问题也会在一定程度上降低上述研究的内部效度和外部效度。因此，在线个性化产品定制相关研究中对于研究方法的运用还存在一定的局限性。

三、个性化定制产品特点及属性

已有研究对于个性化定制产品的特点没有给出详细的解释和说明，只有少数研究进行过详细的界定。例如，在对个性化定制电脑和手机的分析中，对定制产品的外表（personalization of appearance）做出过论述："个性化产品的定制是一个对产品的功能、界面、信息内容或系统的特点做出更改的过程，目的是提高定制产品与个人的相关性。"该定义与其他定义的一个重要区别是，用户对于定制产品的实体外表（physical appearance）可以进行更改（Blom and Monk，2003）。对在线个性化产品定制特点及属性的界定，对于分析在线个性化产品定制背后的消费者心理动机和决策过程有着非常重要的意义。如果对于在线个性化产品定制的特点、属性和范畴没有界定清楚，就会导致研究结论与消费者的个性化追求和独特性偏好的选择关联度不大，也就对在线个性化产品定制过程中亟待解决的现实问题没有足够的贡献。

四、理论贡献不足

现有研究的理论贡献不足主要是两方面原因造成的：第一，没有建立理论与数据之间的相关关系。一般来说，评价理论贡献需要参考其他相关的理论来进行（Kwong and Leung，2002）。然而，现有研究中，无论是在"概念之间建立联系"，还是在"研究假设进行推理"

47

的过程中，对于理论基础的阐述均略显"苍白"，这就造成了实证数据不能与理论建立关联，从而限制了研究的理论贡献。例如，不少学者在研究假设的提出过程中，仅依靠零碎且分散的文献支持，而没有通过系统的理论基础，阐述建立理论分析的框架，从而导致在研究结论的阐述过程中没有理论根基和理论参考，其研究价值就会大打折扣。此外，对于实证研究的论文来说，仅仅汇报完了实证/实验数据、数据分析以及数据结果是不够的，还需要对研究所引发出来的新的问题进行探讨。换句话说，研究者仅仅关注理论被数据支持的程度是不够的，还需要对理论与理论之间可能存在的联系进行探索。基于此，已有相关研究中鲜有结合其他学科相关理论对可能的热点研究问题进行探讨，这就导致现有研究没有得出具有前瞻性的理论参考价值。

第二，在线个性化产品定制作为电子商务、互动营销、差异营销和体验经济相结合的新兴的产品策略，已经受到不少学者的关注。然而，已有研究对于以往的"规模产品定制"或者"个性化需求"以及"在线产品定制"等相关主题的文献缺乏系统的梳理，导致研究结论缺乏重点和系统性，同时也在一定程度上导致难以判断研究的理论贡献。另外，不少研究对于研究结论和启示的论述，依然局限在对数据分析结果的重复，而没有涉及理论的拓展、延伸和升华，导致研究缺乏理论深度。

五、本书的研究特色

针对现有相关研究中存在的不足和局限性，笔者立足于个体消费者的视角，遵循规范的科学研究范式，采用质性研究和定量实证研究相结合的研究方法，对在线个性化产品定制意向的影响机制展开深入、系统的研究。本书的研究特色体现在以下四个方面。

（一）在研究问题方面

首先，基于企业和网络零售商的在线个性化产品定制的市场策略，提出了研究问题——在线个性化产品定制意向的影响机制；其次，在理论回顾和文献梳理的基础上，完成了对研究问题的细化和逻辑顺序的推进；最后，运用合适的研究方法对各个问题进行了系统的分析和研究，进而完成对全部研究工作的推进。本书的最终目标是说明、阐述和解释，在线个性化产品定制意向背后的消费者决策行为和心理的影响因素和机制，为企业和网络零售商的在线个性化产品定制市场实践提供有针对性的理论参考。

（二）在研究方法方面

本书采用了质性研究、问卷调查和数学模型相结合的研究方法。首先，在归纳和提炼在线个性化产品定制意向的影响因素过程中，采用了质性研究和扎根理论。通过对拥有在线个性化产品定制经验的消费者开展半结构的开放式访谈，获取了消费者有关在线个性化定制的第一手定性资料，进而利用扎根理论严谨的数据分析过程提炼出在线个性化产品定制意向的影响因素。其次，在本书的实证分析方面，采用大规模问卷调查的方法来获取消费者对于在线个性化产品定制决策过程的心理和行为的反馈；随后在数据统计分析过程中，运用结构方程模型对数据进行结构化的处理和分析，进而完成对研究假设的检验。最后，在基于可定制水平的在线个性化产品定制模式研究中，采用数学建模的方法对基于消费者参与创新的可定制水平进行模拟和抽象，以实现数学模型的构建，并运用数据仿真实现对模型分析所得出命题的检验，从而完成对在线个性化产品定制不同模式的比较分析。

（三）在线个性化产品定制过程中包含着对不同产品属性的组合和选择

在个性化定制产品的特点及属性方面，本书始终立足于产品的个性化、差异性、独特性这些共性。即本书所涉及的个性化定制产品是指，能够将拥有该产品的消费者与其他人区分开来，以显示和强化个人的自我特征，传递消费者追求独特和与众不同的在线个性化定制产品。据此，本书的目的是为了充分挖掘消费者在选择"追求个性化"和"重视产品定制"等反从众产品消费行为背后的决策过程、心理动机以及影响机制，进而实现对消费者在线个性化产品定制意向的影响机制的解释、说明和预测。

（四）在理论贡献方面

本书基于管理信息系统中的计划行为理论、技术接受模型，传播学中的使用与满足理论，消费者行为分析中的独特性需求理论，以及社会心理学中的自我表达理论等个体行为分析理论，对消费者的在线个性化产品定制行为意向的影响机制进行详尽的解读和分析。同时，本书在实证分析中的"变量与理论之间的关系"以及"研究假设的推理过程"尤其注重理论基础的指导作用，从而提高理论假设被实证数据支持的可能性。此外，本书在每个问题的研究过程中，均会基于数据分析结果，结合理论基础对研究的理论贡献做出说明，并且会讨论未来研究的潜在空间，从而实现了对理论的验证、补充、延伸和拓展。

第三章

在线个性化产品定制
意向影响因素分析

伴随互联网经济的快速发展以及电子商务的日趋完善，消费者在线定制个性化产品的需求表现得越来越强烈，因此，为客户提供在线个性化产品定制已经成为不少企业促进产品销售和开拓新市场的有效市场策略。无论是摩托罗拉公司旗下的在线定制网站 Moto Maker 所推出的在线个性化手机定制，还是大型 B2C 平台上，不同的网络零售商所提供的种类繁多的个性化定制产品，都旨在为消费者提供与众不同的个性化产品。

然而，由于不少企业和网络零售商对消费者的个性化产品定制行为了解不够深入，造成了其提供的个性化定制产品无法满足消费者的基本诉求，进一步导致其个性化产品定制策略的失败。因此，探究影响消费者在线个性化定制行为的因素，明晰消费者对于在线个性化产品定制的基本诉求具有重要的现实意义。本章通过质性研究的方法来对"在线个性化产品定制意向的影响因素是什么？"以及"不同的影响因素如何对消费者的定制行为产生影响？"两个问题展开研究，以期能够发现和理解消费者在线定制个性化产品行为的变量和指标。

第一节　在线个性化产品定制概念与效用

通过前述的文献综述，可以发现，在线个性化定制的研究涉及两个不同的主题，即个性化网络服务的定制和个性化产品的定制。本书研究所关注的是消费者的在线个性化产品定制行为，而不会涉及网络服务、在线内容以及产品推荐等在线个性化服务的定制。

一、在线个性化产品定制的概念

传统意义上的产品定制，往往是指从产品的功能属性方面来满足用户的具体需求。例如，戴尔公司电脑的定制是允许消费者通过其网站对处理器、内存和硬盘等产品功能属性做出选择，目的是满足消费者对于产品功能使用上的需求。而在线个性化产品定制强调从产品的外观属性和视觉效果上满足消费者的偏好和需求，目的是凸显消费者的独特个性和与众不同的风格（Randall et al. ，2007；Franke et al. ，2010）。在参考已有研究的基础上，本书所关注的在线个性化产品定制是指消费者通过企业网站或第三方零售商的网站所完成的，允许用户对产品的外观属性和特征进行选择、组合和设计的，满足消费者个人独特性需求和特定产品偏好的在线产品定制。由该概念可知，在线个性化产品定制的显著特征是消费者参与到产品的设计过程之中；其主观能动性的发挥体现在消费者对自身偏好和需求的表达；其最终结果是得到满足消费者自身需求和偏好的个性化产品，进而能够向外界传递其独特个性和与众不同。因此，本书中所关注的在线个性化产品定制与传统意义上的功能化产品的定制存在显著差异。

二、在线个性化产品定制的效用

传统意义上的产品定制只是需要消费者对产品的功能属性选择方案做出选择，具体的表现形式是在网站的产品属性和特征上根据自身需求进行点击；而在线个性化产品定制，需要借助于企业和网络零售商提供的在线定制工具包才能够实现（Franke et al.，2010），而且在线定制过程中可以有效地融入消费者自己的创造性意见和偏好的表达。对于个体消费者而言，在线个性化产品定制过程中，产品可定制的属性或多或少都可能会影响到消费者对个性化定制产品的满意度或期望效用（徐哲等，2012）。因此，在分析个性化产品定制过程中需要关注个体消费者的差异对于个性化定制产品效用感知的不同。即关注消费者对于产品多个属性组合所构成的不同具体产品的效用感知。

第二节　理论分析

如同定量研究一样，理论在质性研究中起着极为重要的作用。完整的质性研究设计必须包括关于研究对象的理论，为研究提供一个足够清晰的蓝图。这样的研究设计才能够决定搜集什么样的数据和采用怎样的数据分析策略（毛基业和李晓燕，2010）。同时，基于扎根理论的质性研究结果也需要与已有理论进行对比来普适化研究结论。因此，理论对于质性研究的开篇和结尾均具有重要意义（素芳和黄江明，2013）。据此，本章的研究使用计划行为理论来框定被研究的问题，进一步探讨行为态度、主观规范和感知行为控制等因素与在线个

53

性化产品定制意向之间的关系。最后基于数据分析的结果完成对理论的深化。

一、计划行为理论和技术接受模型

在信息系统的研究中，计划行为理论（theory of planned behavior，TPB）和技术接受模型（technology acceptance model，TAM）均是用来解释个体的行为意向和个人选择行为的（Mathieson，1991）。后来，TPB 和 TAM 被广泛运用到市场营销和电子商务等多个研究领域内以解释特定行为的发生。其中，TPB 认为个体行为意愿主要由行为态度、主观规范和感知行为控制三个变量决定。而行为态度、主观规范和计划行为控制又由各自的行为信念所决定（Ajzen，1991；Bulgurcu et al.，2010）；而 TAM 则认为，决定消费者对信息系统和其他技术/媒介采纳或接受程度的影响因素主要有两个：感知有用性，即消费者认为采纳某一特定的技术或媒介能够提升自己的工作/生活表现；感知易用性，即消费者认为对某一特定技术或媒介容易采纳和使用的程度（Davis，1989；高芙蓉和高莲花，2011）。本章研究工作主要以 TPB 为主，以 TAM 为辅，作为在线个性化产品定制意向的理论分析框架，然后结合具体的心理和行为动机的分析理论来提取特定的变量。

二、独特性需求和使用与满足理论

所谓独特性需求是指消费者通过购买、使用和处置物质消费产品，来追求独特和与众不同，其目的在于强化个体的自我特征和属性（Tian and McKenzie，2001）。由于独特性需求理论主要针对个体的反从众行为倾向（例如，标新立异的消费选择、小众行为选择等），进而揭示这一行为背后的深层次动机，并且具有较好的稳定性（陈阳等，2005），因此笔者将从独特性需求的理论视角来解读消费者对于个性化产品的追求。而使用与满足理论（uses and gratifi-cations theory，UGT），主要是从受众的视角分析了个人用户对特定媒介的使用动机，以及个人通过媒介的使用可以获哪些行为和心理上的效用与满足（Wu et al.，2010）。因此，本书采用 UGT 从受众"主动"接受在线个性化产品定制的视角，来解读其动机和所获得效用。

　　据此，本书以计划行为理论作为理论分析的主要框架，以技术接受模型、独特性需求理论和使用与满足理论为辅助，以构建在线个性化产品定制意愿影响因素模型为目标，提出以下研究问题：在线个性化定制情境下，行为态度、主观规范、感知行为控制三个变量的内涵及维度构成有何表现？行为信念是决定行为意向的重要前因变量，那么在线个性化产品定制情境下可以提取哪些凸显信念？

第三节　研究方法、设计与实施

一、研究方法

　　质性研究（qualitative study）的目的在于，识别现实生活中社会现象的基本特征，它除了可以验证理论、批判理论之外，同样可以构建理论，回答诸如"是什么？""为什么？""怎么样？"的问题，它同时兼具描述、解释和探索的功能（Oberseder et al.，2011）。当运用质性研究的方法时，研究者往往试图通过搞清楚某一现象出现某些特征的根源，进而清晰地理解和解释该社会现象（Yin，2003）。扎根理论（Grounded Theory）作为主流的质性研究方法，其主要目的是构建新的理论或概念命题，同时也可以丰富和拓展已有的理论（Glaser and Strauss，1967）。

扎根理论建构是一个系统化并具有探索性的搜索过程，其基本建构逻辑为：在特定的研究情境下收集数据和资料，通过对数据的比较和分析，不断对数据进行抽象化和概念化，目的是从中提炼和归纳出概念和类别，并在此基础上构建、发展或丰富理论和概念命题（Strauss and Corbin，1990）。扎根理论强调严格的操作程序，伴随理论的演进所进行的资料收集与分析是同时进行、不断迭代的过程；丰富的描述、大量的概念、细致的检验和缜密的审视需要贯穿于扎根理论的整个研究过程之中。

二、研 究 设 计

访谈是个体研究中收集有关行为和态度等方面信息的重要方式（Jarvenpaa and Staples，2000），笔者为了获取客户在线定制个性化产品行为意向的相关信息，需要以拥有个性化产品在线定制经历的消费者为访谈对象。基于此，我们选取通过网易印象派网站（http://yxp.163.com/，网易集团旗下的个性化产品定制网站）定制个性化产品的消费者为访谈对象，原因有三个：第一，网易印象派网站致力于为消费者提供具有差异性的、产品种类繁多的个性化定制产品（定制产品能够与标准化产品区分），这与本研究中所关注的"个性化产品定制"是一致的；第二，网易印象派网站重视为消费者提供便捷和高品质的在线定制体验，数年来一直强调以消费者的定制体验为中心，因此已经建立了稳定的用户群体；第三，通过网站的产品定制页面的"晒单"功能，我们可以与完成个性化产品定制的消费者取得联系，进而可以在征得其同意的条件下邀请他们参与到研究内容的访谈之中。

访谈对象的数量是依据理论是否饱和来确定的，即直到增加一个新的访谈对象已经不可能有新的理论发现为止。理论上讲，样本数量越大，则越趋于理论饱和；然而，不少学者通过研究证实了访谈对象的数量维持在 20～30 个之间较为理想（赵斌等，2013；Fassinger，2005）。据此，笔者根据扎根理论研究的成熟经验标准，最后选取了 25 个具有不同职业的访谈对象（男性占 44%）。数据收集工作从 2015 年 5 月 10 日开始到 2015 年 6 月 20 日止，课题组调研时间累积约为 70 个小时。其中，受访者的年龄分布为：20 岁以下 3 人（12%），20～30 岁 16 人（64%），30～40 岁的 6 人（24%）；受访者的教育背景为：专科及以下学历 4 人（16%），本科学历 12 人（48%），硕士学历 8 人（32%），博士学历 1 人（4%）。

三、研究实施

研究的实施主要是以半结构化的在线访谈为核心，这是因为半结构化的访谈不仅能够获取受访者对关键问题的解释，而且能够有效地限定受访者访谈中对问题回答的边界，从而保证访谈资料的质量（Fontana and Frey，2005）；而 T. L. 库珀等（T. L. Couper et al.，2001）等学者通过研究证实，利用在线访谈对在线研究议题展开调查是合理、有效的，并且在线访谈更有利于获取消费者对在线行为的解释和说明，因此在线访谈并不会降低访谈数据的质量。基于此，我们利用语音软件来完成对受访者的在线访谈，并在征得受访者同意的前提下对访谈内容进行录音，以便于将其整理成文本材料进行后续分析。

半结构化访谈中的主要问题围绕"导致您愿意（或者）不愿意在线定制个性化产品的原因有哪些？""您和您身边的同事、朋友愿意选择在线定制个性化产品吗？""您认为通过个性化产品的在线定制您会获取哪些方面的收益？"。在访谈的具体执行过程中，访谈者的提问以解释性问题为主，探索性问题为辅，我们鼓励受访者将对问题的所有想法描述出来；若没有得到受访者的正面或直接的回答，需要交替使用这些问题继续访谈，直至获取受访者对于相关问题的直接描述；而对于理论证据不是很充分的表述，我们进行了基于理论抽样的回访，以明确受访者所传达的信息。

第四节　数 据 分 析

完成了访谈数据的收集之后，需要对访谈数据进行分析。按照样本的比例随机抽取了 20 份访谈记录进行编码分析，剩余的 5 份用作理论饱和度的检验。扎根理论对资料数据的分析有一套较为严密的程序和步骤，如果研究者能够系统地按照该程序去完成数据的分析，则就可以有效地保证研究结论的可靠性。本章严格遵守三步编码技术和程序对访谈数据进行主题的提炼、范畴的归纳和模型的构建，以保证研究的信度和模型的效度（Strauss and Corbin，1998）。为了保证编码工作的可靠性和有效性，同时为了最大限度地保证编码结果的客观性和科学性，本章设计了以下编码规则：采用样本本身的描述而不是通过猜测被访者可能考虑的问题来整理数据；以本章研究内容的研究者为核心，邀请该领域的其他学者组成编码小组共同完成对数据的编码和讨论，以保证处理意见的一致性；对存在争议的概念范畴，在咨询第三方专家意见基础上做修订或者删减。

一、开放式编码

利用开放式编码对访谈所获取的数据资料进行逐字逐句的编码和标签，目的是从大量的访谈资料中创建和提炼尽可能多的概念范畴来组织、解释和匹配经验数据。编码小组通过开放式编码初步提取了 29 个涉及影响消费者在线定制个性化产品意向的概念范畴。由于所获取的初始概念范畴相对较多，而且不同的概念范畴之间所涵盖的要素存在交叉和重叠，因此需要对 29 个原始概念范畴进行分解、剖析、提炼与整合。按照上述操作过程，编码小组最终提炼和整合了 17 个概念范畴，编码小组对概念范畴的提炼过程如图 3 - 1 所示。

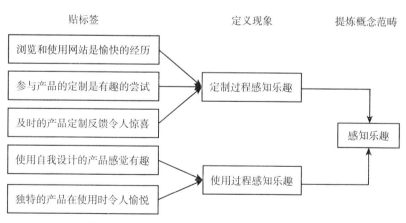

图 3 - 1　开放式编码中概念范畴的提炼示例

资料来源：笔者整理。

二、主轴编码

主轴编码需要找到核心概念，旨在实现访谈数据与概念范畴之间的匹配。具体来说，经过开放式编码已经提炼了 17 个概念范畴；编码小组需要完成概念范畴与访谈数据之间的匹配，并判断访谈数据是否真正从属于该概念范畴。更为重要的一点是，编码小组还需要分析不同概念范畴之间的关系（是否存在相互影响或作用的过程），目的是对不同的概念范畴做归类处理。编码小组通过主轴编码发现 17 个概念范畴可以归纳为七种不同的类别，即功用性结果、享乐性结果；指令性规范、示范性规范；自我效能、感知易用性和资源可得性。通过对这七种类别的分析与总结，最终发现了三个主范畴，即消费者对待在线个性化定制产品的行为态度（对行为结果的评判）、主观规范（行为的外部影响）和感知行为控制（对行为执行能力的感知）。表 3-1 阐述了三个主范畴和七种类别之间的关系。

表 3-1　　　　　　　　　　主轴编码形成的主范畴

主范畴	内涵	归纳类别	对主范畴的解释
行为态度	对实施某一特定行为及其结果的整体性综合评价	功用性结果	对在线定制个性化产品预期功用性结果的评估
		享乐性结果	个性化产品的在线定制过程以及定制产品的使用所带来的愉快体验
主观规范	对特定行为实施与否所感知到来自外界环境的压力	指令性规范	对于是否在线定制个性化产品所感知到的来自群体或组织的期望压力
		示范性规范	来自朋友、家人或同事的在线个性化定制示范性作用

续表

主范畴	内涵	归纳类别	对主范畴的解释
感知行为控制	达成特定行为所感知到的容易或困难的程度	自我效能	对自身能力是否能完成在线个性化定制的主观判断
		感知易用性	在线个性化定制网站是否简单且容易操作
		资源可得性	个体是否具备在线个性化定制的渠道或资源（如网络、时间等）

资料来源：笔者整理。

三、选择性编码

开放性编码和主轴编码的分析展示了个性化产品在线定制意向的基本框架，还需要通过选择性编码的分析来选择概括性较强的核心范畴来整合主范畴。

本章确定"个性化产品在线定制意向的影响因素"为核心范畴，经过选择性编码之后基本可以得出一个清晰的故事线：消费者的行为态度、主观规范和感知行为控制，这三个主范畴对"个性化产品的在线定制意向"存在显著影响；这三个主范畴从不同的维度揭示了对消费者在线定制意向的影响；而多个概念范畴更进一步地展示了不同因素对于主范畴的影响机制。基于上述分析，本章构建了个性化产品在线定制意向影响因素模型，如图 3-2 所示。

四、理论饱和度检验

本章对于理论饱和度的检验包括两个方面。首先，将剩余的 5 份访谈记录进行相同的编码和分析，以完成概念范畴内面向的饱和度检验；其次，继续对这 5 份访谈记录进行比较验证，以完成概念范畴之

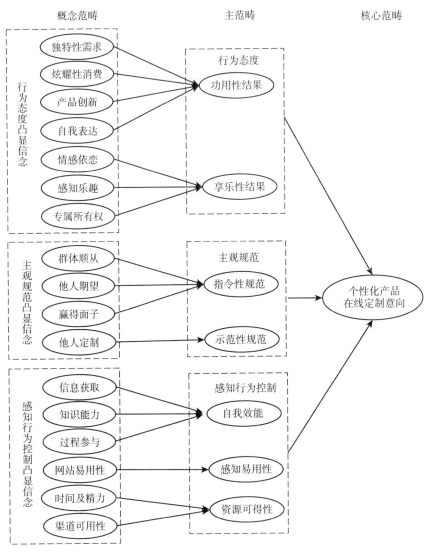

图 3-2 在线个性化产品定制意向影响因素模型

资料来源：笔者整理。

间关系的饱和度检验。结果显示，模型中的概念范畴已经足够充分，没有发现新的概念范畴以及概念范畴之间的关系。因此，结果具有较好的理论饱和度。

第五节　影响因素解释及变量提取

由基于扎根理论的编码程序所构建的影响因素模型可知：行为态度、主观规范和感知行为控制是影响消费者在线定制意向的主要变量，三个主要变量又有各自的构成维度，即在线个性化产品定制情境下的凸显信念。本章将以计划行为理论为主，结合独特性需求理论、使用与满足理论和技术接受模型等理论对相关影响因素/变量进行分析。

一、独特性需求与计划行为理论

消费者对个性化产品在线定制的态度实际上是其对该行为喜爱程度的评估，主要方式则是通过对该行为预期结果的综合性评价（Carrington et al.，2010），行为态度对个性化产品的在线定制有着关键性的影响。例如，消费者对在线定制个性化产品持有越积极的态度，则消费者将会更容易产生强烈的定制意向。

在线个性化定制情境下消费者行为态度的形成主要受其对两类预期结果的评价：对定制行为功用性结果的评价以及对享乐性成果的评价。具体来说，功用性是指通过在线定制所获取的个性化产品能够给消费者所带来的工作（生活）表现、效率和吸引力等方面的提升（Hsieh et al.，2008）。例如，消费者在线定制了一件个性化的 T 恤衫（将自己的卡通形象印在了 T 恤衫上），当消费者在人群中穿着这样一件 T 恤衫时，他（她）可以有效地吸引别人的注意力，进而在传递信息或与人交流时更容易留下印象。而享乐性结果是指个性化产品的在线定制能够为消费者带来愉快、享受和乐趣，以及在使用个性化产品的过程中所产生的满足和愉悦感（Hsieh et al.，2008）。例如，当消费者在线定制一款个性化的项链（吊坠是自己名字或者拼音）时，通过点击鼠标进而在电脑屏幕上选择不同吊坠的样式，可以为消费者带来愉快的体验和感受，这样的个性化定制项链在佩戴过程中也会给消费者带来不少满足感，因为这一款项链是消费者参与设计的与众不同的产品。

如前所述，消费者的独特性需求往往表现在对于反从众行为的选择，也就是在物质的消费活动中偏好和追求标新立异的选择，从而彰显自我的独特和与众不同，以显示和强化自我个性特征中的独立、创新、非从众，并进一步获取积极的感知情绪（Tian and McKenzie，2001；Tian et al.，2001；Tsao and Chang，2010）。由此可知，在线个性化定制背景下，行为态度范畴的独特性需求、产品创新、感知乐趣均与独特性需求理论下的消费行为密切相关。这也是本书需要在第四章的实证研究中需要进一步验证的变量关系。

二、使用与满足和技术接受模型

使用与满足理论强调受众在媒介的选择中的主动地位（Ventatesh et al.，2003），同时该理论强调从个体的心理动机和社会需求方面来分析个人对特定媒介的选择和使用。学者们通过研究发现，消费者对以互联网为基础的特定媒介的使用主要是为了满足个人的认知需求、情感需求、个人整合需求和社会整合需求（Chua et al.，2012）。在线个性化定制情境下，消费者所追求的行为态度中的功用性结果和享乐性结果中的多个变量，例如，产品创新、情感依恋、自我表现和社会交往等正好与个人的多重需求相互对应。

此外，来自感知行为控制的影响可以细分为三个不同的方面：自我效能、感知易用性和资源可得性。自我效能是指消费者个人对自己是否能够成功完成在线定制行为的主观判断，它主要反映的是消费者是否具备在线定制的能力，如消费者是否具备足够的信息、技巧和知识；感知易用性是指消费者在定制产品的过程中所体会到的操作网站的困难或者容易的程度。一般来说，消费者所感知到的网站的易用性程度越高，则消费者在线定制个性化产品的意向就会越强烈，反之亦然；资源的可得性是指消费者是否具备足够的渠道和资源（如网络和时间等）来实施个性化产品的在线定制（Hsieh et al.，2008）。基于此，本书的第五章将采用使用与满足理论，同时借助于技术接受模型的理论分析框架，即感知易用性和感知有用性与行为意向之间的关系，对在线个性化产品定制情境下的相关变量做出进一步的分析和论证。

三、自我表达与主观规范

个性化产品的在线定制意向会受到指令性规范和示范性规范的影响。具体来说，指令性规范是指团体或者组织的期望（如组织中重要他人的推荐）给消费者的行为带来的压力和影响（Bock et al.，2005）。例如，组织中的重要成员经常推荐别人在线定制一个特定产品（例如，非正式组织活动的 T 恤衫），消费者由于受到来自组织中重要他人的期望，因此其选择在线定制这一产品的意向会得到增强。示范性规范主要是指消费者身边的朋友、同事和家人的行为和态度对消费者的在线定制行为产生的示范性作用（Bock et al.，2005）。例如，当消费者周围的朋友或者同事经常在线定制个性化产品时，那么消费者在线定制个性化产品的意向就会愈发强烈。

个体消费者往往通过对物质产品的消费来表达对自己的认同，也就是说，物质消费的选择是人们表达自我的一种有效方式（Kim and Drolet，2003）。不少学者的研究发现，消费者的个体选择行为使得人们在表达个人偏好的同时，也对这些偏好产生影响（Snibbe and Markus，2005）。同时，对不同消费产品选择的表达会对任务的持续性、任务的喜爱程度、任务的表现产生影响，进而会对选择对象的满意度产生影响（Iyengar and Lepper，2010；Holland et al.，2003）。因此，本书将在第六章探讨自我表达对消费者在线个性化定制意向的影响机制。

第六节　结论与讨论

一、研究结论与理论贡献

为了探究消费者在线定制个性化产品意向的影响因素，本章通过对 25 名拥有在线个性化产品定制经验的消费者进行半结构化的在线访谈，以获取其在线定制个性化产品的一手资料。在此基础上，运用扎根理论处理数据资料的编码技术，完成对消费者访谈数据的归纳和提炼，进而构建了消费者在线个性化产品定制意向的影响因素模型。该模型纳入个性化产品在线定制意向这一核心范畴，包括行为态度、主观规范和感知行为控制三个主范畴，展示了功用性结果、享乐性结果、指令性规范、示范性规范、自我效能、感知易用性和资源可得性七个类别所包含的 17 个概念范畴。通过对概念范畴以及它们之间关

系的分析可以有效预测和解释消费者在线定制个性化产品的行为
意向。

（一）本章的主要研究结论

（1）计划行为理论可以有效解释在线个性化产品定制意向的影响
因素；影响消费者在线定制个性化产品意向的因素主要包括：行为态
度、主观规范和感知行为控制三个方面。

（2）行为态度主要是消费者对在线定制个性化产品这一行为预期
的综合性判断，在线个性化产品定制中，消费者会从功用性结果（包
括：独特性需求、炫耀性消费、产品创新和自我表达）和享乐性结果
（包括：情感依恋、感知乐趣和专属所有权）两个方面来衡量和评价
在线个性化定制行为。

（3）主观规范由指令性规范和示范性规范两方面构成，前者主要
是指组织或者群体的期望对消费者是否执行定制行为所产生的压力，
而后者主要是指家人、朋友或同事的行为或者态度对消费者在线个性
化定制行为的示范和作用。而对于在线个性化产品定制来说，个体消
费者的定制意向主要会受到示范性规范的影响。

（4）感知行为控制由自我效能、感知易用性和资源可得性三个方
面构成。自我效能反映了消费者对完成在线定制个性化产品所需能力
的认知，感知易用性则反映了消费者所感知到的企业或网络零售商的
个性化定制网站使用的难度，而资源可得性是指消费者实施个性化定
制所具备的资源、机会和时间等因素。

（二）本章的理论贡献

（1）拓展了计划行为理论在电子商务和消费者行为研究领域中的
应用。利用该理论框架分析在线个性化定制意向的影响因素，不仅系
统性地整合了已有研究中影响消费者购买意向的因素，而且在在线个
性化定制这一特定情境下识别出特定的影响因素，例如：个性化定制

产品中所附带的情感依恋，以及个性化产品的在线定制所实现的产品创新等都是本书所识别出的在线个性化定制情境下值得进一步研究的构念。

（2）系统地探究了消费者在线定制个性化产品的影响因素及其不同因素之间的逻辑关系和作用机制。在此基础上构建了本书的理论模型，为后续学者研究在线个性化定制对消费者购买决策的影响等议题提供了有益的参考。同时，根据计划行为理论的分析框架，结合不同的影响因素/变量，采用了使用与满足理论、独特性需求理论、自我表达理论和技术接受模型对不同的变量进行深入的分析，以探讨不同学科之间理论背景解释的合理性。

二、现实意义

本章的研究结论对提供个性化产品在线定制的企业或网络零售商具有一定的实践启示，具体表现在以下三个方面。

（1）关注消费者在线定制个性化产品的基本诉求。从消费者对在线个性化定制的行为态度入手，重视满足消费者对个性化产品的功用性需求。例如，消费者在线定制个性化产品不仅为满足其独特性需求，而且注重从产品的在线定制中感知乐趣，这就要求企业或零售商要考虑到与产品独特性的相关属性，而且要提高网站以及产品定制过程的趣味性和吸引力，以提高消费者对在线定制个性化产品的喜爱程度。

（2）主观规范对在线个性化定制意向产生影响，因此网络零售商应尽可能多地利用社交媒体或者其他网络宣传手段，发挥网站传播过程中的"口碑效应"，目的是不断提高在线个性化定制的受众群体。同时，需要借助于在线社交媒体等新型传播媒介的发展，不断地扩展在线个性化产品定制的网络口碑效应，使得更多的个体消费者接触到该种互动营销的产品推广策略。

（3）要让消费者感到在线定制个性化产品是被自己所掌控的行为。针对感知易用性，企业应提高在线定制工具包操作的简洁和便利性，保证在线定制的完成方式既具备网络购物的所有优点，又能够凸显个性化产品定制的独有属性。为了提高消费者的自我效能感，应该保证在线定制不需要消费者付出太多的学习努力，同时保证网站能够及时反馈定制产品的效果，以强化消费者对自身能力的认知；对于资源的可得性这一点，就需要企业利用信息技术的分析手段去发现消费者浏览网页的时间、点击了定制产品的哪些属性等细节问题，以保证消费者对于定制资源的使用能够在其掌控范围之内。

第七节　本章小结

本章研究的目的是构建在线个性化产品定制意向的影响因素模型。

首先，以网易印象派网站为在线访谈样本的载体，通过对拥有在线个性化产品定制经验的消费者开展半结构化的开放式在线访谈，获取消费者对于在线定制个性化产品的行为意向影响因素的信息和反馈。并将定性的访谈数据作为后续数据分析的重要基础。

其次，采用扎根理论的数据分析方法，严格遵循开放式编码、主轴编码、选择性编码三步编码程序归纳和提炼访谈数据中的重要因素/变量。同时，对基于编码所提炼的概念范畴进行理论饱和度的检验。

再次，综合运用消费者行为分析中的独特性需求理论，管理信息系统中的计划行为和技术接受模型，社会心理学中的自我表达理论，传播学中的使用与满足理论，对研究所提炼的概念范畴和主范畴进行理论分析和解读，并为后续的定量实证研究选取和限定相应的待检验变量。

最后，论述计划行为理论对于在线个性化产品定制研究的适用性。并进一步从理论贡献和管理启示两个方面阐述了研究的主要贡献。

综上，第三章的质性研究是作为后续第四章、第五章和第六章的定量实证研究的重要基础。本章除了有效识别影响在线个性化产品定制意向的影响因素之外，还为后续的实证研究做好铺垫。

第四章

基于独特性需求的在线
个性化产品定制意向

　　通过第三章的探索性质性研究，我们发现并构建了在线个性化产品定制意向的影响因素模型。本章我们用独特性需求理论和计划行为理论作为理论分析框架，对在线个性化产品定制情境下不同因素与个性化定制意向之间的关系进行验证。正如第三章内容一样，本章在研究概念模型的构建中同样使用了计划行为理论，与第三章中对计划行为理论的使用存在的差别主要体现在：第三章质性研究中采用 TPB 的主要目的是运用该理论来透析和归纳在线个性化产品定制意向的影响因素，为本章的定量实证研究奠定基础；而本章的定量研究是通过独特性理论选取研究变量的条件下，运用 TPB 作为理论分析的框架，进一步进行研究假设的设计和数据的收集的工作，目的是验证理论下的变量关系。

第一节　理论分析与研究假设

一、理论分析

(一)独特性需求理论

根据独特性需求理论的解释,个体寻求独特和与众不同是为了创造差异化,以尽量减少个体由于与别人高度相似所造成的对自我身份认同的负面影响(Tian et al.,2001)。换句话说,大部分个人不希望由于与别人保持一致而在群体中丧失独特性和存在感。然而,人们又普遍倾向于建立和维持适度的独特性,因为群体中的高度差异化或高度相似性都会给个体带来负面情绪的困扰(Fromkin,1972;Lynn and Snyder,2002)。通过拥有某些特殊的物质产品来实现个体对独特性的追求被认为是非常可行的,因为拥有特殊的物质产品这一行为不会引起其他人的社会排斥和社会惩罚(Wan et al.,2014)。消费者使用个性化定制产品可以直接传递出独特和与众不同的信号,并通过大量的数据分析表明独特性需求高的消费者购买个性化定制产品的意愿更加强烈(Lynn and Harris,1997a;Lynn and Harris,1997b)。

如上所述,消费者倾向于在特定社会环境中寻求适度的独特性,而这种适度的个体独特性又取决于家人、朋友和同事的影响。与此同时,消费者通过购买个性化定制产品可以简单直观地实现其追求差异化的需求(Kamis et al.,2008)。由此可见,要理解消费者购买个性化定制产品的原因,就要涉及重要群体对消费者购买行为的影响——主观规范的影响;消费者通过参与个性化定制产品,简单、直观地传递其独特性的信息，则体现了其对这一行为感知控制（张明立等，2011）。因此，计划行为理论可以作为独特性理论的补充来解释消费者购买个性化定制产品的原因。

（二）计划行为理论

计划行为理论（theory of planned behavior，TPB）主要用来解释个人行为的选择，因此被广泛地运用到市场营销和电子商务等多个研究领域内，以解释特定行为的发生（Ajzen，1991）。计划行为理论认为，个体行为意向主要由行为态度、主观规范和感知行为控制三个变量决定。其中，行为态度指个人对于某种行为的主观判定（包括积极或消极的判定）；主观规范是指个体的决策是否受到来自外部环境的压力；感知行为控制是指个人所感知到的实施某一行为容易或困难的程度（Mathieson，1991）；而行为态度、主观规范和计划行为控制又由各自的行为信念所决定（Bulgurcu et al.，2010）。由于本书旨在分析个体消费者的在线个性化产品定制意向的影响机制，因此本章主要基于计划行为理论来构建个性化定制意向的理论分析框架。

二、研究假设

（一）独特性需求、感知乐趣和产品创新对行为意向的影响

消费者在线定制个性化产品的行为意向更多地受其对该行为预期结果评估影响，因此，不少学者对在线个性化产品定制的价值展开了研究。例如，不少学者通过研究发现，在线个性化产品定制允许消费者根据自身偏好对产品的外观和属性做出调整，这就使得个性化定制产品与常规产品存在明显区别，消费者通过拥有和使用个性化定制产品可以有效凸显自身的独特性（Franke et al.，2004；Hunt et al.，2013）；另外，也有部分学者证明了消费者通过网站来定制个性化的

产品会获得感知乐趣，这种感知乐趣不仅来自在线定制过程中的客户参与，而且还包含着与网络互动所带来的愉悦（苏秦等，2007；Kamis et al.，2008；陈洁等，2009；楼尊，2010）；还有部分学者证明了消费者通过在线个性化产品定制可以有效参与到产品的设计过程中，进而实现了消费者与企业互相弥补在信息、知识和能力方面的不足，有利于促进产品的创新（Valenzuela et al.，2009）。综上所述，无论是消费者的独特性需求、感知乐趣，还是在线个性化定制对于产品创新的贡献，都是消费者通过在线个性化定制这一行为所实现的，因此，上述因素会对消费者评价在线个性化产品定制的预期结果产生影响。基于上述分析，我们提出如下假设：

H1：感知乐趣对消费者在线定制个性化产品的行为态度有显著正向影响。

H2a：独特性需求对消费者在线定制个性化产品的行为态度有显著正向影响。

H3：产品创新对消费者在线定制个性化产品的行为态度有显著正向影响。

消费者的独特性需求往往通过物质产品的消费来实现，因此消费者的独特性需求会促进产品创新实现（Tian et al.，2001）。例如，消费者为了实现自己对产品的独特设计和要求，往往尝试向企业反馈他们的产品设想，而在线个性化产品定制无疑为消费者提供了这样一种便捷的渠道。因此，在线个性化产品定制在一定程度上促进了满足消费者某些特定需求的产品创新的实现（Novak et al.，2000）。产品定制过程中参与产品的设计和对自身偏好的表达，以及获得满足自身独特性需求的个性化产品都可以为消费者带来感知乐趣（Franke et al.，2004）。基于此，我们提出了如下假设：

H2b：在线个性化产品定制中，消费者的独特性需求对其感知乐趣有显著正向影响。

H2c：在线个性化产品定制中，消费者的独特性需求对产品创新有显著正向影响。

（二）主观规范与行为意向

主观规范指行为主体所受到的来自周围外界社会环境的影响，是行为主体所感知到的能否执行某项特定行为的社会压力，它反映了外界因素对个体决策行为的影响（Hansen et al.，2004）。例如，对于是否在线定制个性化产品而言，消费者的行为决策过程将会受到身边朋友、同事以及家人行为和态度的影响，若重要他人对于个体消费者的在线个性化产品定制持支持态度，则消费者将更有可能产生强烈的定制意向，反之亦然。因此，我们提出如下假设：

H4a：主观规范对消费者在线定制个性化产品的行为意向有显著正向影响。

（三）行为态度、主观规范与感知行为控制间的关系

作为 TPB 的三大要素，行为态度、主观规范和感知行为控制之间并不是相互独立的（Hassan et al.，2016）。社会心理学中的劝说理论认为，个人处在一定的社会群体之中，群体内他人的推荐以及与他人间的争论均会影响到个人行为态度的产生；个体为了服从既定的群体规范、为了保持与他人言行的一致性，也会有意识地改变自身的行为态度（Hunt et al.，2013）。尤其是在面对特定行为的不确定性时，个人更加重视通过外界环境获取有关是否执行该行为的重要信息，从而导致人们具有服从社会规范的倾向。基于此，本书提出如下假设：

H4b：主观规范对消费者在线定制个性化产品的行为态度有显著正向影响。

随着互联网技术的不断进步，企业和网络零售商提供给消费者的在线定制工具包变得愈发简单和容易操作（Kamis et al.，2008）。例

如，在消费者利用 Moto Maker 在线定制个性化手机的过程中，消费者只需按照在线提示和示范完成各步骤的操作便可以完成一部个性化手机的定制，消费者无需投入过多时间和精力。正是由于在线定制工具包的操作简单，才会吸引众多消费者的青睐，使得个性化产品的在线定制对于多数消费者来说不存在操作层面上的感知困难，进而促进了消费者对在线个性化定制的积极评价（楼尊，2010）。基于此，我们提出如下假设：

H6b：感知行为控制对消费者在线定制个性化产品的行为态度有显著正向影响。

（四）行为态度与行为意向

行为态度是行为主体对于某一特定行为喜爱程度的评估，以及对行为整体预期的综合性评价（Patrick et al.，2003）。当消费者对在线个性化产品定制的评价是正面时，将会产生积极的行为态度；同理，消极的评价就可能会导致消极的行为态度。例如，有学者通过研究证实了，消费者对待特定产品的态度影响了他们对产品的接受程度，进而影响了消费者的最终购买意向。这也就说明了行为态度对消费者的行为意向的产生起到了先入为主的作用，即行为态度上的赞同容易导致积极的购买意向（刘健和张宁，2014；Hassan et al.，2016）。基于此，本书提出如下假设：

H5：行为态度对消费者在线定制个性化产品的行为意向有显著正向影响。

（五）感知行为控制与行为意向

在线个性化产品定制下的感知行为控制，是指消费者所感知到的在线完成个性化产品定制的容易或困难的程度，它反映了个体消费者对促进或阻碍其在线定制因素的知觉，主要包括：消费者个体内部的感知因素（如知识、技能和信息）和个体外部的感知因素（如时间、机会与他人的合作）（段文婷和江光荣，2008）。后续研究发现，感知行为控制包括：自我效能和控制力两个因素，前者是指个体对完成既定行为所持有的信心；后者指个体对完成特定行为所需资源的控制程度（Guinea and Markus，2009）。一般来说，消费者的感知行为控制程度越高，表明消费者所感知到的不可控因素越少，则消费者选择在线定制个性化产品的行为意向就越强，反之亦然。基于此，我们提出了如下假设：

H6a：感知行为控制对消费者在线定制个性化产品的行为意向有正向影响。

综上所述，本章研究提出了如下概念模型，如图4－1所示。该概念模型是以TPB作为模型构建的理论基础，但做出了两点改进：第一，提取了在线个性化产品定制情境下行为态度的行为信念（独特性需求、感知乐趣和产品创新）；第二，增加了主观规范与感知行为控制对行为态度影响的关系路径，试图考察和验证修正后的TPB对消费者在线个性化产品定制意向的解释和预测水平，同时，获取消费者在线个性化产品定制行为的相关信息。

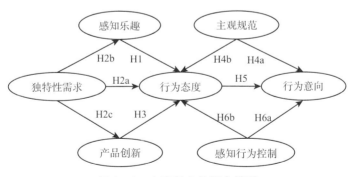

图4－1 本章研究的概念模型

资料来源：笔者整理。

第二节 研 究 方 法

一、样 本 选 取 与 数 据 收 集

网易集团旗下的印象派网站致力于为消费者提供高品质的在线个性化产品定制服务，消费者可以在该网站定制个性化 T 恤衫、配饰、水杯以及手机壳等产品。本书通过网易印象派网站选取有在线个性化产品定制经历的消费者为调研对象：首先，与通过印象派网站的官方微博"晒单"的消费者取得联系；其次，在征得其同意之后邀请其参与到我们的在线问卷调查之中。本书选择在线调查的原因有两个：第一，分析在线个性化产品定制意向的理想调研对象是具有在线个性化定制经历的消费者，通过在线调查方式我们可以实现对目标群体的调研（Novak et al.，2000）；第二，在线调查方式在识别消费者在线购物经历的影响因素方面更加有效（Shang et al.，2005）。例如，由于不需要和用户进行面对面的交流，也避免了当面调查可能造成调研对象为了"面子"而不好意思选择不利于自己答案的情况。

笔者于 2015 年 6～10 月，以在线调查问卷的形式（包括：微博私信、微信以及邮箱），向目标调查对象发放在线问卷 305 份，回收问卷 229 份，剔除填写不完整以及全部预测答案一样的无效问卷之后，最终有效问卷为 216 份，问卷的有效回收率为 70.8%。调研样本的描述性统计信息如表 4-1 所示。

表 4 - 1 调研样本的描述性统计信息

项目	分类指标	人数（人）	比例（%）	项目	分类指标	人数（人）	比例（%）
性别	男	86	39.81	职业	学生	82	37.96
	女	130	60.19		政府职员	8	3.70
年龄	18 岁以下	2	0.93		企业职员	74	34.26
	18~25 岁	105	48.61		事业单位职员	16	7.41
	25~30 岁	72	33.33		个体经营者	36	16.67
	31~35 岁	24	11.11	月平均在线购物金额	<100 元	32	14.81
	36~40 岁	13	6.02		100~300 元	87	40.28
教育程度	大专及以下	23	10.65		300~500 元	47	21.76
	本科	148	68.52		500~1000 元	24	11.11
	研究生	45	20.83		>1000 元	26	12.04

资料来源：笔者整理。

二、变量测量

为了保证测量工具的信度和效度，尽量采用现有文献中已经被广泛使用和验证的研究量表，并在与相关学者充分探讨的基础上，修正某些题项的语义和语境，形成正式的问卷。对行为态度、主观规范和感知行为控制的测量，根据伊塞克·阿扎吉（Icek Ajzen，1991）、基兰·马西森（Kieran Mathieson，1991）和詹吾·布克等（Gee - Woo Bock et al.，2005）的量表改编而来。其中，行为态度包括 3 个测量题项、主观规范包括 3 个测量题项、感知行为控制包括 3 个测量题项；对概念模型中行为意念的提取变量"独特性需求"的测量采用的量表，共有 3 个测量题项，对感知乐趣的测量采用日图·阿加瓦尔和埃琳娜·卡拉汉娜（Ritu Agarwal and Elena Karahanna，2000）的量

79

表，共有 3 个测量题项；对产品创新的测量采用罗赞娜·加西亚和罗杰·卡兰特尼（Rosanna Garcia and Roger Calantone，2002）的量表，共有 3 个测量题项；对在线定制行为意向的测量采用托本·汉森等（Torben Hansen et al.，2004）的量表，共有 2 个测量题项。对各变量的测量均采用 R. 李克特（R. Likert）7 级量表，即 1 表示非常不同意，7 表示非常同意。

第三节　数据分析与研究结果

一、信度与效度分析

使用 SPSS19.0 进行数据处理，并采用 Cronbach'α 系数作为检验量表信度的标准，如表 4 - 2 所示。结果表明，所有潜变量的 Cronbach's α 系数均在 0.695 以上，且同一变量之下删除任一题项都没办法显著提高其 Cronbach's α 系数值，各潜变量的组合信度均分布在大于 0.7 的可接受范围之内，因此，本章的测量量表具有较高的信度水平。

表 4 - 2　　　　　　　　　　各变量信度、效度分析

潜变量	观测变量	标准化因子载荷系数	T 值	组合信度	Cronbach's α
行为态度	行为态度 1	0.751	8.443	0.726	0.761
	行为态度 2	0.557	7.837		
	行为态度 3	0.737	7.001		

续表

潜变量	观测变量	标准化 因子载荷系数	T 值	组合信度	Cronbach's α
主观规范	主观规范 1	0.746	6.101	0.801	0.841
	主观规范 2	0.765	7.184		
	主观规范 3	0.758	6.187		
感知行为 控制	感知行为控制 1	0.616	6.624	0.714	0.695
	感知行为控制 2	0.729	6.354		
	感知行为控制 3	0.673	5.845		
行为意向	行为意向 1	0.666	5.471	0.709	0.764
	行为意向 2	0.776	4.559		
独特性 需求	独特性需求 1	0.614	7.353	0.740	0.781
	独特性需求 2	0.665	8.539		
	独特性需求 3	0.807	8.662		
感知乐趣	感知乐趣 1	0.762	6.975	0.742	0.874
	感知乐趣 2	0.731	6.003		
	感知乐趣 3	0.599	7.573		
产品创新	产品创新 1	0.704	4.967	0.768	0.853
	产品创新 2	0.756	7.310		
	产品创新 3	0.713	8.132		

资料来源：笔者整理。

在效度分析之前，首先，对 20 个测量题项进行因子分析。结果表明，各题项因子载荷值均超过了 0.6 的标准，且累积方差贡献率达到了 80.258%；且量表的 KMO 指标为 0.832，Bartlett's 检验的显著性为 0.000，说明数据适合进行因子分析。进一步，所使用的问卷参考了大量该领域内以往研究的量表和项目指标，同时在问卷设计过程中咨询并采纳了相关专家的意见和建议，因此保证了研究量表具有较高的内容效度。

利用 AMOS21.0 对数据进行验证性因子分析，以完成对量表建构效度的检验。分析结果表明，模型的最终拟合指数为：绝对适配度指标 $\chi^2/df = 1.616 < 3$，RMSEA $= 0.061 < 0.08$；增值适配度指标 NNFI $= 0.901 > 0.9$，CFI $= 0.919 > 0.9$，AGFI $= 0.917 > 0.8$，IFI $= 0.912 > 0.9$。这些指标说明了数据可以较好地拟合研究模型。此外，各测量题项的标准化因子载荷值均大于 0.5，而且达到了显著性水平，T 值分布在大于 1.96 的范围之内，各变量的平均提炼方差（AVE）值均超过了 0.5 的标准，如表 4 - 3 所示，并且大于该变量与其他潜变量之间的相关系数，计算结果表明量表具有较好的判别效度。因此，所使用量表具有较好的信度和效度。

表 4 - 3   相关系数矩阵与平均提炼方差（AVE）的平方根

项目	1	2	3	4	5	6	7
1. 行为态度	**0.687**	—	—	—	—	—	—
2. 主观规范	0.540	**0.756**	—	—	—	—	—
3. 感知行为控制	0.234	0.211	**0.674**	—	—	—	—
4. 行为意向	0.554	0.403	0.403	**0.723**	—	—	—
5. 独特性需求	0.426	0.369	0.247	0.590	**0.700**	—	—
6. 感知乐趣	0.416	0.213	0.352	0.644	0.615	**0.701**	—
7. 产品创新	0.429	0.167	0.276	0.647	0.636	0.326	**0.725**

注：对角线上的数字为 AVE 的平方根，对角线下方是各潜变量的相关系数。
资料来源：笔者整理。

二、假设检验

在对量表的信度与效度进行检验之后，运用结构方程模型对本书提出的假设进行验证，如表 4 - 4 所示。分析结果表明，在行为意向的直接影响变量之中，感知行为控制是最有影响力的预测变量，其路径系数为 0.40，T 值是 2.679 > 2.58，在 99% 的置信区间内通过了 T 检验，H6a 得到了支持。这一结果说明，消费者所感知到的完成在线个性化产品定制的难易程度对定制意向具有显著的影响；行为态度对在线个性化产品定制意向的路径系数是 0.31，T 值为 4.870 > 2.58，在 99% 的置信区间内通过了 T 检验，H5 得到了支持。这一结果说明，消费者对在线个性化产品定制的预期评价会对最终的定制意向产生显著影响，这也与之前研究所论证的行为态度会对消费者的购物意向有先入为主的影响是一致的；主观规范对在线个性化产品定制意向的路径系数是 0.37，T 值是 1.791 > 1.65，在 90% 的置信区间内通过了 T 检验，H4a 得到了支持。这一结果说明，身边重要他人对在线个性化产品定制的意见和看法会对消费者的在线定制意向产生影响。

表 4 - 4　　　　　　　　　　假设检验结果

关系路径	假设	标准化路径系数	T 值	结论
感知乐趣→行为态度	H1	0.26	1.487	不支持
独特性需求→行为态度	H2a	0.45	1.761	支持
独特性需求→感知乐趣	H2b	0.57	7.264	支持
独特性需求→产品创新	H2c	0.69	8.223	支持
产品创新→行为态度	H3	0.25	0.808	不支持
主观规范→行为意向	H4a	0.37	1.791	支持
主观规范→行为态度	H4b	0.54	5.171	支持
行为态度→行为意向	H5	0.31	4.870	支持
感知行为控制→行为意向	H6a	0.40	2.679	支持
感知行为控制→行为态度	H6b	0.33	2.404	支持

注：*、**、*** 分别表示 $p < 0.05$，$p < 0.01$，$p < 0.001$。
资料来源：笔者整理。

在主观规范、感知行为控制和行为态度的关系方面，主观规范对行为态度的路径系数是 0.54，T 值是 5.171 > 2.58，在 99% 的置信区间内通过了 T 检验，H4b 得到了支持。这一结果说明，消费者对在线个性化定制的行为态度明显受到身边重要他人行为和评价的影响；感知行为控制对行为态度的路径系数是 0.33，T 值是 2.404 > 1.96，在 95% 的置信区间内通过了 T 检验，H6b 得到了支持。这一结果说明，消费者所感知到的在线个性化定制的难易程度会对其关于在线定制的态度和评价产生影响。综上所述，主观规范对行为意向的影响程度为 0.5374（0.54×0.31 + 0.37），感知行为控制对行为意向的影响程度为 0.5023（0.33×0.31 + 0.4）。因此，主观规范所有影响行为意向的变量中居首（独特性需求 0.45×0.31 = 0.1395 的影响）。

在行为意念的提取变量中，独特性需求对行为态度的路径系数是 0.45，T 值是 1.761 > 1.65，在 90% 的置信区间内通过了 T 检验，H2a 得到了支持。这一结果说明，独特性需求会影响消费者对在线个性化产品定制的行为态度；独特性需求对感知乐趣的路径系数是 0.57，T 值是 7.264 > 2.58，在 99% 的置信区间内通过了 T 检验，H2b 得到了支持。这一结果说明，独特性需求对消费者在线个性化定制中的感知乐趣有正向影响；独特性需求对产品创新的路径系数是 0.69，T 值是 8.223 > 2.58，在 99% 的置信区间内通过了 T 检验，H2c 得到了支持。这一结果说明，消费者的独特性需求对其产品创新有显著影响。而感知乐趣对行为态度的路径系数是 0.26，T 值是 1.487 < 1.65，在 90% 的置信区间内没有通过 T 检验，H1 不成立；产品创新对行为态度的路径系数是 0.25，T 值是 0.808 < 1.65，在 90% 的置信区间内没有通过 T 检验，H3 不成立。上述结果说明，感知乐趣、产品创新对行为态度的影响不显著。各个潜变量之间的路径关系如图 4 - 2 所示。

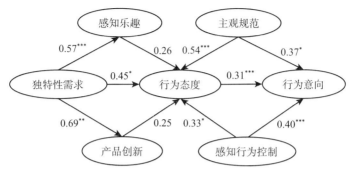

图 4-2　潜变量结构方程路径模型

资料来源：笔者整理。

第四节　研究结论与管理启示

一、研究结论

本章以计划行为理论为理论分析框架，利用结构方程模型方法，分析了消费者在线个性化产品定制意向影响因子的作用效果和预测能力，旨在对消费者的在线个性化定制意向进行解释和预测。本章研究得出以下主要结论。

（1）主观规范、行为态度和感知行为控制对在线个性化产品定制意向有显著的正向影响。具体来说，消费者所感知到的在线个性化产品定制的难易程度会影响定制意向；身边重要他人（家人、朋友和同事）对在线个性化产品定制的看法将会影响消费者的定制意向；消费者对在线个性化定制的态度也会对其定制意向产生影响。然而，行为态度和感知行为控制对消费者定制意向的影响总体上要小于主观规范的影响。

（2）主观规范、感知行为控制和独特性需求会对消费者的行为态度产生影响。在上述三个影响个体行为态度的变量中，主观规范的影响最为显著。这一结果说明，消费者在评价在线个性化产品定制的预期结果时，更加重视身边重要他人的看法。消费者的独特性需求会对个体行为态度产生影响，说明消费者会将定制产品的独特性水平和差异程度纳入个性化定制的评价之中，这也对个性化定制产品的独特性属性和特征提出了更高要求。

（3）独特性需求会对感知乐趣和产品创新产生影响，然而，感知乐趣和产品创新这两个变量对消费者在线个性化定制态度的影响不显著。因此，在线个性化产品定制情境下的计划行为理论（主要是行为态度的前因变量），需要提取个体行为信念中的独特性需求这一变量。换句话讲，独特性需求对于在线个性化产品定制的行为态度起着非常重要的影响。

二、管理启示与局限

通过对在线个性化产品定制影响因素进行深入分析，本章研究内容为企业和网络零售商如何有效利用个性化定制这一市场策略来吸引更多的消费者，并且为有针对性地改进在线个性化定制策略提供了重要启示。

（一）企业和网络零售商应该重视口碑效应的发挥

研究发现，主观规范对个体行为态度和定制意向都有着最为显著的影响。因此，企业应该重视人际圈子和群体中互动和口碑效应对消费者个体行为态度和行为意向的影响。而且，借助互联网传播信息的深度和广度，利用社交媒体开展网络口碑营销也是促进个性化产品定制策略更好实施的一个有效方式。

（二）在技术允许的范围内，尽可能降低在线个性化产品定制的难度

研究发现，感知行为控制对在线个性化定制意向和个体行为态度均有显著影响。这就意味着，企业和网络零售商应该尽可能降低消费者在线定制的难度，而且能够为消费者的个性化定制提供充分的信息支持。例如，网站提供详细的在线个性化定制文字说明或者视频引导、消费者定制过程中，遇到困难时的在线解答等。

（三）注重提高在线定制产品的个性化特征和属性

研究发现，独特性需求影响个体行为态度，而且会通过行为态度对定制意向产生间接影响。因此，企业和网络零售商应该在尽可能保证在线个性化定制可行性的前提下，提高定制产品的个性化程度和差异性水平，进而最大限度地满足消费者的独特性需求。此外，这样做也能够提高消费者的在线感知乐趣，同时提升消费者对产品创新的贡献度，这对于企业和消费者之间合作创新以及价值共创的实现大有裨益。

尽管得出了对企业和网络零售商的个性化产品定制策略有意义的启示，但不可否认的是，本章研究内容还存在以下局限：（1）调查样本来源于网易印象派网站的消费者，样本过于集中。为了规避样本的较高同质性，未来研究可以纳入不同在线个性化定制网站的样本，这样做既可以改善样本同质性的弊端，又可以了解到消费者对于不同定制产品和网站的信息反馈；（2）没有结合特定产品种类对在线个性化定制展开研究。后续研究可以深入获取消费者对不同种类的个性化定制产品所表现出的关注度的差异，进而考虑和验证其他重要因子对消费者在线定制意向的影响。

第五节 本章小结

本章研究内容的目的是基于计划行为的理论分析框架，从个体消费者独特性需求的理论视角出发,探究和分析在线个性化产品定制意向的影响机制。

首先,深入分析了计划行为理论中的主要变量,例如,行为态度、主观规范、感知行为控制以及行为意向在该研究情境下的具体含义和适用性;同时,从个体消费者的独特性需求(具体表现是对个性化产品的定制)的视角,论述了相关变量,例如,产品创新、感知乐趣和独特性需求作为行为态度前因变量的可能性和合理性。在此基础上,提出了研究的概念模型。

其次,以拥有在线个性化产品定制经验的消费者为调查对象,开展大规模的问卷调查,以获取消费者对于在线个性化产品定制意向的相关信息,并将此作为实证检验和分析的依据。

再次,运用结构方程模型的统计分析方法对问卷调查的数据进行分析,借助于 SPSS19.0 完成对数据的数据剔除和信度分析。进一步借助 AMOS21.0 对数据进行效度分析,并完成对研究假设的论证和路径分析等工作。以此为基础,展示数据分析的结果。

最后,结合假设验证结果和路径分析,对实证分析结果进行深入的解释、说明和讨论,并针对理论分析结果明确研究的理论贡献,同时针对企业和网络零售商的在线个性化产品定制策略提出相应的对策和建议。

第五章

基于使用和满足的在线
个性化产品定制意向

在线个性化定制技术能够帮助消费者更加有效地获取信息，同时可以帮助消费者得到自己真正需要的产品（Yassine et al.，2004）。通过与在线个性化产品定制网站不同程度的互动，定制工具包将会为消费者呈现个性化的产品定制方案（Li and Unger，2012）。在互联网环境下，在线个性化产品定制的产生和传播会对消费者的购物行为产生影响。与此同时，在线个性化产品定制的实现都是基于消费者个体偏好和选择来完成的。也就是说，在线个性化产品定制中的个人参与定制可以给消费者带来不同的心理和行为上的效用（Ang et al.，2015）。本章基于前述文献综述以及第三章的质性研究结论，重点探讨使用与满足理论框架下的相关变量对在线个性化产品定制意向的作用过程和机制，进而在在线个性化产品定制情境下，实现对技术接受模型的整合和扩展，以为后续研究提供有益的理论参考。

第一节　理论分析与研究假设

技术接受模型最早是被用来解释人们广泛接受计算机的原因，后来逐渐被用来说明新兴技术被大众接受的过程和原因（Ros et al.，2014）；使用与满足理论在传播学上是用来阐述媒介传播对受众产生了何种影响（Ji and Fu，2013）。在本章的研究过程中，我们用技术接受模型和使用与满足理论来阐述在线个性化产品定制被消费者接受，进而能够提高消费者心理和行为上的效用。

一、理论分析

（一）使用与满足理论

使用与满足理论（uses and gratifications theory，UGT），是解释媒介传播和使用的理论，它从受众视角分析了个人用户对特定媒介的使用动机，以及个人通过媒介的使用可以获得哪些行为和心理上的效用与满足（Stafford et al.，2004）。区别于认为受众是被动接受媒介的其他理论，UGT 强调受众在媒介的选择和使用过程中处于主动地位（Ventatesh et al.，2003）。基于此，UGT 侧重从个体的心理动机和社会需求方面来分析个人对特定媒介的选择和使用。尤其是，随着互联网以及移动互联网的日渐普及，消费者在媒介使用中的主动性得到了更好的发挥，UGT 也被越来越多地用来解释消费者对网络媒介的使用动机以及所获取的效用满足（Luo and Remus，2014；Sutanto et al.，2013）。学者们通过研究发现，消费者对以互联网为基础的特定媒介的使用主要是为了满足个人的认知需求、情感需求、个人整合需求和社会整合需求（Chua et al.，2012）。因此，本书考虑用 UGT 来解释消费者在线定制个性化产品的心理动机和个体需求。

（二）技术接受模型

信息系统以及消费者行为领域的研究发现，社会心理学中的意向模型可以作为消费者个体行为决策研究的理论基础（West and Turner，2010）。目前，影响最为广泛的信息技术接受理论是 F. D. 戴维斯（1989）基于理性行为理论（theory of reasoned action，TRA）所提出的技术接受模型（technology acceptance model，TAM），该理论模型主要用来评价和解释消费者对信息系统、新技术和特定媒介的采纳和使用行为（Mathieson，1991）。TAM 认为，决定消费者对信息系统和其他技术/媒介采纳的影响因素主要有两个：感知有用性（perceived usefulness），即消费者认为采纳某一特定的技术或媒介能够提升自己的工作或生活表现；感知易用性（perceived ease of use），即消费者认为对某一特定技术或媒介容易采纳和使用的程度（Davis，1989）。而感知的易用性和感知的有用性由外部变量（如系统设计特征、任务特征、开发或执行过程的本质等）共同决定（Venkatesh，1999），如图 5 - 1 所示。上述两个关键因素（变量）对个人行为意向的影响无论是在互联网的普及和应用，还是在其他新兴技术被消费者接受和认可的研究中得到了普遍验证（Yang，2013）。基于此，本章采用 TAM 来解释在线个性化产品定制这一行为意向的产生过程和机制。

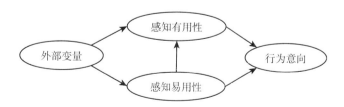

图 5 - 1　考虑外部变量的技术接受模型

资料来源：笔者整理。

二、研究假设

本章内容在整合使用与满足理论（UGT）与技术接受模型（TAM）的基础上，对消费者在线个性化产品定制行为意向展开研究，原因有两个：第一，传统的 TAM 注重外部因素对消费者接收信息系统或技术媒介的影响，而较少涉及个体内在动机和需求对技术接受过程的影响，两者的有效整合可以弥补 TAM 只注重外部因素而忽视个体内在动机对在线个性化定制影响的局限；第二，借助于 TAM 中个人行为意向的作用机制，UGT 可以将在线个性化定制中的个体内在动机和需求，与外部变量，尤其是在线定制系统设计和任务的特征结合起来，进而实现对消费者行为意向的完整解释。因此，基于 UGT 和 TAM 的整合模型对于消费者在线个性化定制意向的解释和预测将会更加系统和有效。

（一）感知易用性、感知有用性与行为意向

管理信息系统和消费者行为领域对个体行为意向的研究已经表明，感知有用性对消费者的信息系统或技术媒介的采纳行为意向有显著正向影响，感知易用性对感知有用性有着显著的正向影响（Srite and Karahanna，2006；Gefen and Karahanna，2003）；而感知有用性通过感知易用性对行为意向产生间接影响（Joo and Sang，2013）。基于此，我们提出如下假设：

H1：感知有用性对消费者在线个性化产品定制意向有显著正向影响。

H2a：感知易用性对消费者在线个性化产品定制意向有显著正向影响。

H2b：感知易用性对感知有用性有显著正向影响。

（二）认知需求（产品创新）与感知易用性、感知有用性

认知需求是指消费者试图通过对媒介的使用来获取信息和知识，进而拥有理解、判断和思考的能力，以满足自身对解决疑难问题或探索新奇事物的需求（Chua et al.，2012）。在线个性化产品定制过程中，消费者可以借助网站所提供的工具包（系统设计特征），实现对产品的创造性想法和改进，进而实现了产品创新过程，同时也满足了消费者自身的偏好和认知需求（Franke et al.，2010）。例如，通过在线定制个性化的 T 恤衫，消费者可以实现对颜色的搭配、材质的运用以及领口等诸多产品细节的创造性改造，由此得到满足自身偏好的独特性的创新性产品。基于此，我们提出如下假设：

H3a：产品创新对在线个性化定制的感知有用性有显著正向影响。

H3b：产品创新对在线个性化定制的感知易用性有显著正向影响。

（三）情感需求（情感依恋）对与感知易用性和感知有用性

消费者往往通过对媒介的使用来获得情感的寄托以及情绪的慰藉（Chua et al.，2012）。通过在线个性化产品定制，消费者不仅可以通过产品来表达对家人、朋友和同事的感情，而且可以纪念对自己重要的人或者事件，进而实现了个性化定制产品与自身情感的关联（Mittal，2006）。例如，有学者研究发现，消费者对自己参与定制的鞋子、箱包以及手表等产品将会产生特殊的情感依恋（Mugge et al.，2009）。因此，我们提出以下假设：

H4a：情感依恋对消费者在线个性化定制的感知有用性有显著正向影响。

H4b：情感依恋对消费者在线个性化定制的感知易用性有显著正向影响。

（四）个人整合需求（自我表现）与感知易用性和感知有用性

个人整合需求指消费者想要提高自己影响力以及期望自己获得优

越感的需求（Chernev，2004；Chua et al.，2012），物质产品的消费被众多消费者看作是表现自己个性和传达特定信息的重要方式（Belk，1988）。例如，在线定制一个个性化的 T 恤衫，消费者可以展示他（她）对待生活的态度（将某些文字印在衣服上），消费者因此相对容易地得到别人的关注。基于此，我们提出如下假设：

H5a：自我表现对消费者在线个性化定制的感知有用性有显著正向影响。

H5b：自我表现对消费者在线个性化定制的感知易用性有显著正向影响。

（五）社会整合需求（社会交往）与感知易用性和感知有用性

社会整合需求是指消费者想要实现与家人、朋友和同事的良好互动的需求（Chua et al.，2012）。通过在线定制个性化产品，消费者不仅可以在网站上发现与自己具有相同兴趣的其他人，进而增加与别人交流的机会，而且可以在与家人、朋友和同事交往的过程中，将在线个性化定制视为聊天的话题予以展开（Valenzuela et al.，2009）。基于此，我们提出如下假设：

H6a：社会交往对消费者在线个性化定制的感知有用性有显著正向影响。

H6b：社会交往对消费者在线个性化定制的感知易用性有显著正向影响。

综上所述，本章提出了如下概念模型，如图 5 - 2 所示。该概念模型在 UGT 和 TAM 基础上整合而得到，并做到了如下两点改进：第一，在个性化产品定制情境下，以 UGT 的理论内涵为基础，结合 TAM 中涉及的任务特征的外部变量，提取了产品创新、情感依恋、自我表现和社会交往四个影响变量；第二，基于 UGT 和 TAM 的整合模型，不仅考虑了消费者在线个性化产品定制的内在动机和需求，而且考虑了系统设计等外部变量的影响，因此整合模型能够更加全面地对在线个性化定制意向开展研究。

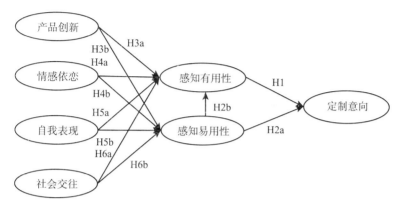

图 5 - 2　基于 UGT 和 TAM 的整合概念模型

资料来源：笔者整理。

第二节　研究方法

一、样本选取与数据收集

在样本的选取和数据的收集过程中，本章所采用的方法与第四章是一致的。这是由于无论是第四章从独特性需求视角来分析在线个性化产品定制意向，还是本章从使用与满足的理论视角来解读在线个性化产品定制意向，两章的内容均以第三章的质性研究为基础。同时，研究过程中都需要对有在线个性化产品定制经历的消费者进行调查，以获取他们对在线个性化产品定制意向的有效反馈。因此，本章采用与第四章研究内容相同的样本和数据收集方法。也就是说，我们在数

据收集的过程中采用一份问卷，然后让消费者针对不同的变量的测量
题项进行选择，进而获取他们对于在线个性化产品定制的态度和
判断。

2015 年 6～10 月，笔者以在线调查问卷的形式（包括：微博私
信、微信和邮箱）向目标调查对象发放在线问卷 305 份，回收问卷
229 份，剔除填写不完整以及全部预测答案一样的无效问卷之后，最
终有效问卷为 216 份，问卷的有效回收率为 70.8%。调研样本的特征
分布与第四章研究方法中所描述的调研样本的特征分布是一样的（见
本书 P79），此处不再赘述。

二、变量测量

为了保证测量工具的信度和效度，我们尽量采用已有文献中已经
被广泛使用和验证的研究量表：对感知易用性、感知易用性和定制意
向的测量，根据大卫·戈芬和埃琳娜·卡拉汉娜（David Gefen and
Elena Karahanna，2003）、日图·阿加瓦尔和埃琳娜·卡拉汉娜（Ritu
Agarwal and Elena Karahanna，2000），埃琳娜·卡拉汉娜等（Karahan-
na et al.，2006）的量表改编而来；对产品创新的测量采用罗赞娜·
加西亚和罗杰·卡兰特尼（Rosanna Garcia and Roger Calantone，2002）
的量表；对情感依恋的测量采用海因兹·克莱恩和迈克尔·贝克
（Heinz Kleine and Michael Baker，2004）的量表；对自我表现的测量
采用维玛拉·巴拉克里斯南和阿兹拉·沙米姆（Vimala Balakrishnan
and Azra Shamim，2013）的量表；对社会交往的测量采用佩珊·魏和
思鹏·路（Wei Pei - Shan and Lu Si - Peng，2014）与兰英·黄和英
俊·谢地（Huang Lan-ying and Hsieh Ying-jun，2011）的量表。本章
研究内容中对各变量的测量均采用 R. 李克特 7 级量表，被试者采用

每题从 1 ~ 7（1 表示完全不同意，7 表示完全同意）打分的方法表达自己对在线定制个性化产品定制的感知。

第三节　数据分析与研究结果

一、信度与效度检验

本章研究内容的数据分析过程以 216 份有效问卷为基础，采用SPSS19.0 软件对所有 23 个观察变量进行信度检验，所获得的信度检验指标 Cronbach's α 值是 0.884。此外，行为意向、产品创新、情感依恋、自我表现、社会交往、感知有用性以及感知易用性 7 个潜变量的信度检验指标的 Cronbach's α 值分别为 0.681、0.811、0.766、0.707、0.732、0.805、0.631，如表 5 - 1 所示，均超过了 0.6 的信度标准，说明所使用的量表具有较好的信度。

表 5 - 1　　　　　　　　各变量信度、效度分析

潜变量	观测变量	Cronbach's α	标准化因子载荷系数	T 值	组合信度
行为意向	行为意向 1	0.760	0.683	7.086	0.783
	行为意向 2		0.835	7.318	
	行为意向 3		0.557	5.307	
产品创新	产品创新 1	0.862	0.787	8.914	0.812
	产品创新 2		0.820	8.637	
	产品创新 3		0.626	7.528	
	产品创新 4		0.638	8.908	

续表

潜变量	观测变量	Cronbach's α	标准化因子载荷系数	T 值	组合信度
情感依恋	情感依恋 1	0.848	0.730	6.599	0.800
	情感依恋 2		0.784	6.667	
	情感依恋 3		0.632	6.516	
	情感依恋 4		0.676	6.673	
自我表现	自我表现 1	0.791	0.607	6.942	0.709
	自我表现 2		0.700	7.771	
	自我表现 3		0.698	6.098	
社会交往	社会交往 1	0.801	0.702	8.276	0.739
	社会交往 2		0.665	8.687	
	社会交往 3		0.722	7.132	
感知有用性	感知有用性 1	0.873	0.815	11.204	0.791
	感知有用性 2		0.716	11.232	
	感知有用性 3		0.708	10.640	
感知易用性	感知易用性 1	0.707	0.693	4.424	0.737
	感知易用性 2		0.743	4.178	
	感知易用性 3		0.647	4.436	

资料来源：笔者整理。

　　一般来说，量表的效度主要包括：内容效度和建构效度两个方面。本章研究内容所采用的量表是在参考了已经得到认可的以往的测量指标基础上完成的。同时，在问卷的设计过程中我们还重点咨询并采纳了该领域内相关专家的意见，并在反复修改与提炼的基础上完成的。因此，可以说研究量表具有较高的内容效度。在建构效度方面，我们采用 AMOS21.0 软件对 216 份有效问卷进行验证性因素分析，以检验量表的建构效度。检验结果表明，行为意向、产品创新、情感依恋、自我表现、社会交往、感知有用性和感知易用性 7 个潜变量所对应测量变量的标准化因子载荷值均超过了 0.5 的基准值，并且达到了显著性水平，T 值均大于 1.96。而且，测量变量的组合信度均超过了 0.7 的可接受范围（如表 5 - 1 所示），这一结果表明研究量表具有较好的聚集效度。根据验证性因素分析结果，所计算的各个潜变量的平均提炼方差的平方根（AVE）都大于其和其他潜变量的相关系数，如表 5 - 2 所示。这一结果说明，各个测量变量之间存在着显著的区别效度。根据上述聚集效度和区别效度的检验，所使用的测量量表具有较高的信度和效度。

表 5 - 2　　　　　　　　　潜在变量的区别效度检验

项目	1	2	3	4	5	6	7
1. 行为意向	**0.701**	—	—	—	—	—	—
2. 产品创新	0.280	**0.723**	—	—	—	—	—
3. 情感依恋	0.255	- 0.032	**0.708**	—	—	—	—
4. 自我表现	- 0.064	0.403	0.102	**0.670**	—	—	—
5. 社会交往	- 0.024	0.341	0.121	0.634	**0.697**	—	—
6. 感知有用性	0.256	0.130	0.243	0.553	0.629	**0.748**	—
7. 感知易用性	0.117	0.283	0.376	0.442	0.610	0.679	**0.695**

注：对角线上的数字为 AVE 的平方根，对角线下方是各潜变量的相关系数。
资料来源：笔者整理。

二、模型拟合

以 AMOS21.0 为工具，对本书中的假设模型进行结构方程模型的拟合。结果显示，绝对适配度指标 χ^2/df = 2.209 < 3，RMSEA = 0.075 < 0.08；增值适配度指标 NFI = 0.930 > 0.9，CFI = 0.940 > 0.9，AGFI =

0.852 > 0.8，IFI = 0.942 > 0.9。上述主要适配度检验结果说明，本章研究内容中的假设模型和数据的拟合度较好。

三、假设检验

运用 AMOS21.0，对研究假设进行验证，如表 5 - 3 所示。结果表明：

表 5 - 3   假设检验结果

关系路径	假设	标准化路径系数	T 值	结论
感知有用性→定制意向	H1	0.370 **	3.095	支持
感知易用性→定制意向	H2a	0.879 ***	2.285	支持
感知易用性→感知有用性	H2b	0.490 ***	4.208	支持
产品创新→感知有用性	H3a	0.133 **	2.691	支持
产品创新→感知易用性	H3b	0.283 **	2.459	支持
情感依恋→感知有用性	H4a	0.128 *	2.178	支持
情感依恋→感知易用性	H4b	0.093	0.690	不支持
自我表现→感知有用性	H5a	0.328	1.278	不支持
自我表现→感知易用性	H5b	0.218	0.656	不支持
社会交往→感知有用性	H6a	0.324	0.994	不支持
社会交往→感知易用性	H6b	0.212 *	2.340	支持

注：* 、** 、*** 分别表示 $p < 0.05$，$p < 0.01$，$p < 0.001$。
资料来源：笔者整理。

（一）产品创新、情感依恋、自我表现、社会交往与感知有用性

产品创新是感知有用性最有影响的预测变量，其路径系数是 0.133，在 $p < 0.01$ 水平上显著，H3a 得到了支持。这一结果说明，在线个性化产品定制过程中的产品创新对消费者感知到的在线个性化

产品定制的有用性具有重要影响；情感依恋对感知有用性的路径系数是 0.128，在 $p < 0.05$ 水平上显著，H4a 得到了支持。该结果说明，在线个性化定制的产品依恋作用会对消费者（在线个性化定制）的感知有用性产生重要影响；自我表现、社会交往对感知有用性的影响不显著，两个变量即使在 $p < 0.05$ 水平上都不显著，因此 H5a 与 H6a 没有得到验证。这就意味着，在线个性化产品定制中消费者个人整合需求和社会需求不强烈。

（二）产品创新、情感依恋、自我表现、社会交往与感知易用性

产品创新是感知易用性最有影响的预测变量，其路径系数是 0.283，在 $p < 0.01$ 水平上显著，H3b 得到了支持。这一结果说明，在线个性化产品定制过程中的产品创新对消费者感知到的在线个性化产品定制的容易程度（可操作的简便性）具有重要影响；社会交往对感知易用性的路径系数是 0.120，在 $p < 0.05$ 水平上显著，H6b 得到了支持。该结果说明，在线个性化产品定制的社会交往会对消费者对于在线个性化定制的感知易用性有显著正向影响；情感依恋、自我表现对感知易用性的影响不显著。也就是说，在线个性化产品定制中消费者个人的情感需求和个人整合需求不会对定制过程中感知到的定制难度有影响。

（三）感知有用性、感知易用性与产品定制意向

感知易用性是对产品定制意向最有影响的预测变量，其路径系数是 0.879，在 $p < 0.001$ 水平上显著，H5a 得到了支持。该结果说明消费者所感知到的个性化产品在线定制的难易程度直接对其在线定制意向产生重要影响；感知有用性对定制意向的路径系数是 0.370，在 $p < 0.01$ 水平上显著，H1 得到了验证。这一结果说明，消费者所感知到的在线个性化产品的功能性或者效用对其定制意向有显著的正向影响；感知易用性对感知有用性的路径系数是 0.490，在 $p < 0.001$ 水平

上显著，H2b 得到了支持。这一结果与大卫·戈芬等（2003）、日图·阿加瓦尔和埃琳娜·卡拉汉娜（2002）等学者的研究结论是一致的。

综上，在间接影响消费者在线个性化产品定制意向的因素中，产品创新和情感依恋通过感知有用性对消费者的定制意向产生影响；产品创新和社会交往通过感知易用性对消费者的定制意向产生影响。虽然，自我表现对社会交往有显著影响作用，但是自我表现对感知有用性和感知易用性的直接影响作用没有得到验证。据此，我们得到通过假设验证之后的修正模型，如图 5-3 所示。

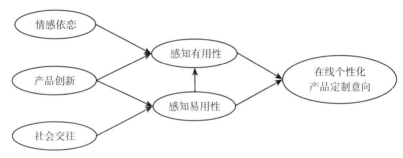

图 5-3　基于假设验证的修正模型

资料来源：笔者整理。

第四节　研究结论与管理启示

一、研究结论

本章以 UGT 和 TAM 为理论分析框架，进而建立了基于 UGT 和 TAM 的整合研究模型，利用结构方程模型的方法，分析了 UGT 框架下的外部变量（情感依恋、产品创新和社会交往）影响消费者在线个性化产品定制的作用机制及特征。本章的主要研究结论如下。

（1）在线个性化产品定制中的情感依恋、产品创新对感知有用性有显著影响。在线个性化定制产品能够满足消费者的情感依恋需求，这对于消费者评价在线个性化产品定制的有用性有重要影响；在线个性化产品定制过程中，消费者参与到产品设计中，表达自己对产品的创新性想法，进而满足自身的特定需求，将对其所感知到在线个性化产品定制这一行为的有用性和功能有显著影响。

（2）在线个性化产品定制中的产品创新、社会交往对感知易用性有显著影响。产品创新作为 UGT 中认知需求在个性化定制情境中的主要提取变量，表明消费者对疑难问题的解决和对新奇事物的探索，这一点对消费者所感知到的在线定制一个个性化产品的难易程度有显著影响，这也符合个体的认知需求和学习过程；在线个性化产品定制下的社会交往（社会整合需求动机）对消费者所感知到的定制过程的难易程度有显著影响，这与相关学者所得出的与人交流的动机显著影响其对特定行为或系统的感知易用性是一致的（Joo and Sang, 2013）。

（3）消费者完成在线个性化产品定制所感知到的难易程度，以及对于在线个性化定制产品功能或价值的评价会对其产品定制意向有影响，而感知易用性又会对感知有用性对消费者的定制意向产生间接影响。

二、管理启示与局限性

通过对在线个性化产品定制影响机制的分析，本书为提供个性化产品定制的企业和网络零售商如何更好地利用这一市场策略提供了重要管理启示。

（1）企业和网络零售商尽量降低在线个性化产品定制的难度。研究发现，感知易用性除了对定制意向有直接影响外，还会通过感知有用性对定制意向产生间接的影响。因此，企业和网络零售商应该在技术允许的范围内，最大限度地降低在线个性化定制的难度，并且需要确保网站对于在线个性化定制潜在难点的信息和技术支持。例如，网站提供详细的在线个性化定制文字说明或者视频引导、消费者定制过程中遇到困难时的在线解答等。

（2）在线个性化产品定制中保证消费者对产品设计的参与。研究表明，产品创新对感知易用性和感知有用性有显著影响。因此，企业和网络零售商应该在产品定制过程中允许消费者表达自己对产品某些可操作的属性及特征的设计，以满足其认知需求，进而充分发挥产品创新对于其在线定制意向的促进作用和积极影响。

（3）提高在线个性化产品定制与消费者建立情感关联的水平。研究发现，情感依恋对感知有用性有显著影响。因此，企业和网络零售商应该在产品定制过程中充分考虑消费者表达个体情感的产品属性，以提高个性化产品定制与其自身情感的关联度。例如，在某些产品上可以允许消费者署名，印刷自己的照片或个人所画的图案等。

（4）保证在线个性化产品定制中网站及其产品的社会交往作用。对于企业和网络零售商来说，既要保证消费者能够通过在网站定制个性化产品发现与自己兴趣和爱好相近的在线朋友，进而可以进行在线的沟通和交流；另外，又要确保所定制的个性化产品能够成为消费者与人在现实交往中的有趣话题。如果能够有效地实现这一点，对于企业和网络零售商通过人际圈子和群体来传播个性化产品定制，进而积累和发挥口碑效用有着重要的意义。

　　尽管本章研究内容得出了对企业和网络零售商的在线个性化产品

定制市场策略有意义的启示，但还存在着以下局限：（1）调查样本来源于网易印象派网站的消费者，样本过于集中。为了规避样本的较高同质性，未来研究可以纳入不同在线个性化定制网站的样本，这样做既可以改善样本同质性的弊端，又可以了解到消费者对于不同定制产品和网站的信息反馈；（2）没有结合特定产品种类对在线个性化定制展开研究。后续研究可以深入获取消费者对不同种类的个性化定制产品所表现出的关注度的差异，进而考虑和验证其他重要因子对消费者在线定制意向的影响。

第五节　本 章 小 结

本章的目的是基于技术接受模型的理论分析框架，从个体消费者使用与满足的理论视角出发，探究和分析在线个性化产品定制意向的影响机制。

首先，深入分析了 TAM 中的主要变量，例如，感知易用性、感知有用性以及行为意向在该研究情境下的具体含义；同时，从使用与满足的理论视角，论述了相关变量，例如，产品创新、情感依恋、自我表现和社会交往作为技术接受模型中"外部变量"的可能性和适用性。在此基础上，提出了研究的概念模型。

其次，以拥有在线个性化产品定制经验的消费者为调查对象，开展大规模的问卷调查，以获取消费者对于在线个性化产品定制意向的相关信息，并将此作为实证检验和分析的依据。

再次，运用结构方程模型的统计分析方法对问卷调查的数据进行分析，借助于 SPSS19.0 完成对数据的剔除和信度分析。进一步借助 AMOS21.0 对数据进行效度分析，并完成对研究假设的验证和分析等工作。以此为基础，展示数据分析的结果。

最后，结合假设验证结果，对实证分析结果进行深入的解释、说明和讨论，并针对理论分析结果明确研究的理论贡献，同时针对企业和网络零售商的在线个性化产品定制策略提出相应的对策和建议。

第六章

产品涉入度、自我表达与
在线个性化产品定制意向

随着消费市场的日渐成熟,在面对众多的产品选择时,消费者越来越倾向于选择与自身需求和价值观念密切相关的产品。在线个性化产品定制的出现,能够将消费者的自身需求和特定偏好与定制产品本身实现很好地匹配,因此能够引发消费者的产品定制动机和兴趣(Hunt et al.,2013)。通过第三章的质性研究发现,在线个性化定制产品由于能够为消费者带来"功用性结果"以及"享乐性结果"的满足,进而导致了消费者对待在线个性化产品定制具有强烈的动机和极大的兴趣。以此为基础,本章分析产品涉入度与在线个性化产品定制意向之间的关系,以期为企业和网络零售商的在线个性化产品定制策略提供有针对性的对策和建议。

第一节 基本概念界定

一、产品涉入度

个人涉入,是指个体基于个人需求、价值观念和兴趣,所产生的对某种事物或产品的重要水平的感知。此后，有不少消费者行为学以及市场营销学中的研究，对产品涉入度给出过不同的定义。虽然，学术界当前对于产品涉入度的定义没有完全达成一致，但是关于产品涉入度的两点重要属性已经被大家普遍认可和接受：第一，产品涉入度是指个体对某种产品感兴趣的状态和接触的动机；第二，这种状态或者动机，与产品跟个人的相关性和重要性密切相关（Koufaris，2002；Coulter et al.，2003）。

在后续的相关研究中，涉入程度又被细分为三个维度：广告涉入度（Andrews and Durvasula，1991）、购买决策涉入度和产品涉入度（Zaichkowsky，1986；吴剑琳等，2011）。然而，由于广告涉入度与购买决策涉入度最终与产品的消费行为有关系，后续研究越来越多地转向对产品涉入度与消费者购买行为之间关系的研究。一般来说，消费者产品涉入度对其购买过程和购买行为有着重要影响，拥有较高产品涉入度的消费者购买产品的意向将会变得更加强烈和显著（Koufaris，2002）。

二、在线个性化产品定制与产品涉入度

网络零售商能够借助互联网在客户与产品之间建立有效的关联，从而能够提高消费者的产品涉入度（尤其是在设计方面），进而能够提高消费者对产品的购买意向，这项措施应该被广大的网络零售商予以考虑（Kamali and Loker，2002）。对客户参与产品/服务的制造所产生的心理和情绪变化的相关实验研究表明，消费者参与到企业的产品/服务共同制造过程的这一行为，会对个体的自我服务偏见与用户的满意度之间的关系产生影响（Bendapudi and Leone，2003）。简言之，通过参与产品的生产，用户会对这一过程有更为全面的了解，进

而会使其对产品的评价结果产生影响。此外，消费者通过参与产品的设计所产生的较高水平的产品涉入度，能够显著提高消费者对于个性化定制产品的支付意愿（Randall et al.，2007）。与此类似，较高的产品涉入度能够显著地提高消费者对于个性化产品的价值感知（Franke et al.，2009）；较高的产品涉入度（功能涉入度和象征意义涉入度）对在线个性化定制产品的感知价值有正向影响（Hunt et al.，2013）。

基于已有文献的研究成果，本书尝试通过对自我表达理论的深入分析，来对产品涉入度与在线个性化产品定制意向之间的关系以及作用机制进行研究。即通过问卷调查的方法来获取消费者对产品涉入度与在线个性化产品定制意向之间关系的反馈，并利用结构方程模型的统计分析方法对两者之间关系的假设进行研究，最后得出有益于改善企业和网络零售商在线个性化产品定制策略的研究结论和管理启示。

第二节　理论分析与研究假设

人们拥有的物品能够代表人们的身份（"We are what we have."，Belk，1988）。事实上，理解产品消费的一个有效方式就是从"消费产品是为了表达自我"这一理论视角（Cardoso et al.，2010）。消费者往往将产品的消费者看作是对于自我的表达："这就是我"或者是"这就是我想要成为的样子"（Johnson and Ein‑Gar，2008）。因此，本章将从自我表达（self-expression）的理论视角对在线个性化产品定制行为进行解释和说明。

一、理论分析

人们表达自我的方式就是通过选择，尤其是通过产品的消费行为，这是由于人们可以通过产品的选择来外化自身的偏好和价值观，同时能够使周围的人了解到这一点（Kim and Sherman，2007）。社会心理学家通过研究已经证实，消费者的个性特征可以与实体产品实现一个较好的结合，产品的消费和使用也因此可以变成消费者自我表达的一个有效途径（Aaker，1999）。进一步地，消费者对于产品偏好的表达往往是外化和传递内心想法和要求的直接表现（Kim and Drolet，2003）。消费者个体的自我表达较大程度上依赖于他（她）的自我概念，这是由于自我表达的完成不仅需要个体投入想法和主意，甚至需要通过细节的设计来传递他（她）是谁，以及他（她）想要成为什么样的人以及想要什么样的生活方式等特定信息（Kim and Sherman，2007；Ashtonjames et al.，2009）。通过个性化产品的选择和使用，消费者可以将自身想要表达的无形的内在信息通过有形、可以接触的实体产品表现出来（Saenger et al.，2013），这也就是一个发现自我、表达自我独特需求及能力的一个自我建构的过程（朱丽叶和卢泰宏，2008）。

如上所述，消费者为了在社会生活中实现自我表达和自我建构倾向于选择与他们内在相一致的产品（Belk，1988）。而随着信息技术和网络经济的发展，消费者可以通过在线定制的方式得到符合自身偏好和需求的个性化产品（Li and Unger，2012）。换句话说，消费者不仅可以通过选择不同的产品属性特征，得到满足自身偏好的个性化产品，进而通过这些产品来表达他（她）们的外在形象［他（她）们是谁］（Chan et al.，2012）；而且借助于在线个性化定制，消费者可以参与到定制产品的设计过程之中去，所以消费者可以按照自身的想法来展示产品，进而通过产品的外观属性在视觉上传递他们的个人形象（Cardoso et al.，2010；Kressmann et al.，2006）。有学者认为，消费者在消费中想要通过产品来传递或者展示自我概念和自我身份认同相关的信息，都属于与自我建构高度相关的信息（Mittal，2006）；而与价值观和个体外在风格以及个性（personality）相关的特征属于个人形象（Kressmann et al.，2006）。因此，本书提取自我表达中的自我形象（表达）和自我建构两个维度来考察对在线个性化产品定制意向的研究。

二、研究假设

（一）产品涉入度与在线个性化产品定制意向

产品涉入度是指产品由于与消费的需求和价值观念相互关联，进而在其心目中占据重要地位，并引发特定的动机和兴趣（Dholakia，2001）。研究发现，产品涉入度会受到（消费者）个体因素和产品因素（本身特质）两个方面的影响。其中，个体因素涉及个人需求、兴趣、价值感知等，产品因素涉及消费者对不同产品的特定偏好（吴剑琳等，2011）。因此，作为与个人动机相关的变量，产品涉入度可以用来解释在线个性化产品定制过程中的消费者参与产品属性选择、设计和决策等行为（Hunt et al.，2013）。在线个性化产品定制中，消费者由于参与到产品的设计过程之中，进而能够实现较高水平的偏好与需求的满足（Valenzuela et al.，2009），这也就意味着，在线个性化产品定制下消费者个体偏好出现偏差的可能性就更少，这也就导致消费者所感知到的在线个性化定制产品的价值越高。因此，消费者在线定制个性化产品的意向将会更加强烈（Franke et al.，2009）。据此，我们提出了如下假设：

H1a：产品涉入度对在线个性化产品定制意向有显著正向影响。

（二）个人形象表达与在线个性化产品定制意向

消费者的个人形象除了涉及个人外表之外，同时也是个人内在品质的外部反映。从社会心理学的角度来看，他人通过观察、聆听、气味和接触等各种感觉形成对某个人的整体印象，但是个人形象并不等于个人本身，而是他人对个人个性的外在感知和评价（Mittal，2006）。消费者在物质产品的消费中往往追求产品或者品牌形象与个人形象的一致性，以此来实现自身对于个人形象的表达（Kressmann et al.，2006）。也就是说，通过在线个性化产品定制，消费者可以塑造与自己个性和风格一致的产品属性和特征（Franke and Schreier，2010）。因此，我们提出以下假设：

H1b：个人形象表达对在线个性化产品定制意向有显著正向影响。

（三）自我建构与在线个性化产品定制意向

通过个性化产品定制，消费者可以得到满足其独特性需求和偏好的定制产品（Miceli et al.，2007）。有关消费者行为的研究表明，产品可以作为自我建构和自我实现的象征（Reed et al.，2012）。当产品能够与消费者自我建构的目标达成一致时，产品便已经与自我建构建立起紧密的联系（王海忠等，2012）。自我建构过程中，个体消费者往往比较关注其自身的品质、能力和特性，这种自我表达的目的是为了通过自我内在的确认获得认可和尊重（朱丽叶和卢泰宏，2008）。这与在线个性化产品定制中，消费者试图通过对自我偏好和需求的表达，进而通过独特性产品来传递自我的特性本质上是一致的。基于上述分析，我们提出如下假设：

H1c：自我建构对在线个性化产品定制意向有显著正向影响。

（四）个人形象表达和自我建构的中介作用

如前所述，产品涉入度是指消费者对产品的重视程度或者产品对消费者个人的重要性（Swinyard，1993）。在线个性化定制中，最终所形成的个性化定制产品的重要性往往是由于产品能够在视觉上展现消费者个体的风格、与消费者个人外在形象达成了一致，进而能够实现自我偏好和需求与定制产品的匹配而实现的（Franke et al.，2009）。同时，个性化定制产品的重要性还往往通过其独特性和差异性的产品特点，能够充分反映消费者个体的独特内在自我、内在特质以及特定的思想和情感等（Randall et al.，2007；Valenzuela et al.，2009）。也就是说，产品涉入度分别通过个人形象表达和自我建构来对在线个性化产品定制意向产生影响。基于上述分析，我们提出了如下假设：

H2：自我形象表达在产品涉入度与在线个性化产品定制意向关系中起中介作用。

H3：自我建构在产品涉入度与在线个性化产品定制意向关系中起中介作用。

综上所述，本章提出了如下概念模型，如图6-1所示。

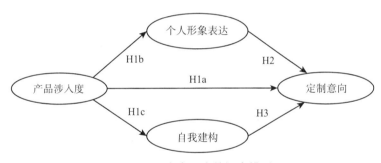

图6-1 本章研究的概念模型

资料来源：笔者整理。

第三节 研 究 设 计

一、样本选取与数据收集

本章采用大规模问卷调查的方法来收集数据，调查样本主要分为两组：大学生群体和社会群体。之所以分别对上述两组不同的人群进行调研，原因有两个：（1）大学生群体比较重视自我想法和意见的表达，而且是活跃的在线购物群体，且不久将会成为社会消费群体中的中坚力量；（2）大学生群体样本在年龄、教育水平等方面具有高度同质性，这在一定程度上会影响到本书相关结果的可信度（James and Sonner，2001）。所以，完全有必要收集社会群体的样本数据。

根据调查目的和调查条件采用方便抽样的方法，本书于 2015 年 10 月 12 ~ 25 日，分别在天津市、重庆市、河南省三地的高校组织问卷的发放，最终我们回收到 160 份有效问卷。在对大学生群体进行抽样调查过程中，我们重点对电子商务和市场营销等管理学科专业的同学进行调查，原因有两个：第一，由于在线个性化产品定制涉及互动营销、差异营销以及在线购物等因素，具有该专业背景的同学进行在线个性化产品定制的比例可能会更高；第二，即使被调查对象没有真实的在线个性化产品定制经历，通过调查人员对其进行在线个性化产品定制经历的描述和解释之后，被调查者能够理解这一行为的可能性会比较高。同时，我们委托数据公司实施问卷的在线发放，该数据调查公司拥有学术研究数据调查的经验，能够保证问卷调查的质量。有学者通过研究证明，采用数据服务外包获得研究数据，对于学术研究是有效和可靠的（Steelman et al.，2014）。通过数据服务外包，我们回收到有效问卷 124 份。因此，我们总共获取了 284 份有效问卷，本次调研样本的描述性统计信息如表 6 - 1 所示。

二、变量测量

为了保证测量工具的信度和效度，尽量采用已有文献中被广泛使用和验证的研究量表，并在接受相关专家与学者建议的基础上修正某些题项的语义和语境，进而形成正式的问卷。调研过程中对各个变量

表 6 - 1 样本的描述性统计

项目	分类指标	人数（人）	比例（%）	项目	分类指标	人数（人）	比例（%）
性别	男	121	42.61	职业	学生	163	57.40
	女	163	57.39		政府职员	9	3.17
年龄	18 岁以下	1	0.35		企业职员	86	30.28
	18 ~ 25 岁	176	61.97		事业单位职员	5	1.76
	26 ~ 30 岁	82	28.88		个体经营者	21	7.39
	31 ~ 35 岁	21	7.39	平均月在线购物金额	< 100 元	37	13.03
	36 ~ 40 岁	4	1.41		100 ~ 300 元	95	33.45
教育程度	大专及以下	7	2.46		300 ~ 500 元	66	23.24
	本科（含在读）	244	85.92		500 ~ 1000 元	81	28.52
	研究生	33	11.62		>1000 元	5	1.76

资料来源：笔者整理。

的测量均采用 R. 李克特 7 级量表，即 1 表示非常不同意，7 表示非常同意。具体来说：

自变量是产品涉入度，本书基于在线个性化产品定制情境，根据马里奥斯·库福丽斯（Marios Koufaris，2002）以及查拉·马斯维克和爱德华·里戈登（Charla Mathwick and Edward Rigdon，2004）所开发的产品涉入度量表，在对相关题项进行调整的基础上生成了目标测量题项。具体的测量题项包括五个方面：重要水平、关联程度、被纳入程度、情绪感知和吸引力五个方面。

因变量是在线个性化产品定制意向，采用安玛莉·费雷等（Ann Marie Fiore et al.，2004）和俊伊·莫恩等（Junyean Moon et al.，2008）所开发的在线个性化产品定制（购买）意向量表。具体测量题项包括：在线个性化产品定制的购买意向、（有兴趣）尝试定制的可能性两个方面。

中介变量包括：个人形象表达和自我建构两个变量。对于自我形象表达的测量，结合阿特伊·卡恩哈雷等（Atreyi Kankanhalli et al.，2005）的量表改编而成。具体测量题项包括：个性魅力、优势、认可与关注四个方面。对自我建构的测量，根据西奥多·圣克里斯（Theodore Singelis，1994）、络·卢和罗宾·格里莫（Luo Lu and Robin Glimour，2007）的量表进行调整而得到。具体的测量题项包括：认识自我、展现内在特质、表达独特需求、自我实现。综上，最终形成了用于正式问卷调查和数据分析的问卷题项，如表6－2所示。

表6－2 变量测量题项

测量变量	题项内容	来源
产品涉入度	1. 在线个性化产品定制对我很重要	查拉·马斯维克和爱德华·里戈登（2004）；马里奥斯·库福丽斯（2002）
	2. 在线定制的个性化产品跟我密切相关	
	3. 与人探讨在线个性化产品定制是愉快的	
	4. 在线个性化定制中，能够参与产品的设计是有趣的	
	5. 在线个性化产品定制对我很有吸引力	
个人形象	1. 使用在线个性化定制产品可以提升个性魅力	阿特伊·卡恩哈雷等（2005）
	2. 在线个性化产品定制有助于提高声誉	
	3. 使用在线个性化定制产品可以获得快速关注	
自我建构	1. 在线个性化产品定制有助于实现对产品的设想	络·卢和罗宾·格里莫（2007）
	2. 通过在线个性化产品定制可以展示自我设计能力	
	3. 通过在线个性化产品定制，可以表达自我感受	
在线个性化定制意向	1. 我有兴趣尝试在线定制一个个性化的产品	俊伊·莫恩（2008）
	2. 我打算在不久的将来在线定制一个个性化产品	

资料来源：笔者整理。

三、数据分析方法

数据分析主要包括两个方面：对产品涉入度、个人形象表达、自我建构和在线个性化产品定制意向的构成维度进行验证；用结构方程模型对产品涉入度、个人形象表达、自我建构和在线个性化产品定制意向之间的作用关系进行检验。对变量的描述性统计分析、信度分析和探索性因子分析采用 SPSS 19.0 软件。而对变量之间关系的拟合以及变量因子结构的检验采用 AMOS 21.0 来完成。结构方程模型为检验理论模型中变量之间的中介关系提供了较为可靠和先进的方法，它有效整合了测量模型和结构模型。相比较于其他传统的统计方法，结构方程模型实现了测量过程与分析过程的整合。此外，结构方程模型相对于通过回归检验中介作用的优越性在于它会减小标准误差，因为结构方程模型中所有的参数是被同时估计的。

在对个人形象表达和自我建构进行中介作用检验的过程中，要满足以下条件：产品涉入度与在线个性化产品定制意向之间显著相关；产品涉入度与个人形象表达、产品涉入度与自我建构之间必须显著相关；个人形象表达与在线个性化产品定制意向、自我建构与在线个性化产品定制意向之间必须显著相关；个人形象表达和自我建构反映了产品涉入度通过两个变量来影响在线个性化产品定制意向。在数据分析过程中，我们遵循中介作用的检验条件，利用结构方程模型对变量之间的假设关系进行验证。

第四节　数据分析与研究结果

一、信度与效度分析

对量表的内部一致性和组合信度等的检验结果如表 6 - 3 所示。

具体来说，采用 Cronbach' α 系数作为检验量表内部一致性的标准。结果表明，所有潜变量的 Cronbach's α 系数均在 0.700 以上，且同一变量之下删除任一题项都没办法显著提高其 Cronbach's α 系数值，表示各变量的内部一致性都很高。对组合信度的检验表明，所有潜变量的组合信度系数都在 0.800 以上，超过了 0.700 的临界值。对上述数据的分析表明，调查中所使用量表具有较高的信度水平。

表 6 - 3　　　　　　　　　　各变量信度、效度分析表

潜变量	观测变量	标准化因子载荷系数	T 值	组合信度	Cronbach's α
产品涉入度	产品涉入度 1	0.608	7.221	0.849	0.812
	产品涉入度 2	0.690	7.496		
	产品涉入度 3	0.778	9.733		
	产品涉入度 4	0.794	10.332		
	产品涉入度 5	0.759	9.623		
个人形象	个人形象 1	0.838	8.365	0.802	0.797
	个人形象 2	0.707	7.630		
	个人形象 3	0.725	8.461		
自我建构	自我建构 1	0.834	11.938	0.874	0.871
	自我建构 2	0.859	12.732		
	自我建构 3	0.814	11.585		
在线个性化定制意向	定制意向 1	0.832	9.457	0.834	0.834
	定制意向 2	0.860	9.378		

资料来源：笔者整理。

通过验证性因子分析对量表进行收敛效度的检验，所得模型拟合指数分别为：绝对适配度指标 $\chi^2/df = 2.417 < 3$，RMSEA = 0.075 < 0.08；增值适配度指标 NFI = 0.905 > 0.90，CFI = 0.922 > 0.90，IFI =

0.923 > 0.90，说明各个变量具有较高的收敛效度。同时，各个潜变量的测量题项的因子载荷值均超过了 0.500 的可接受范围，同见表6 - 3。上述这些指标很好地说明了这些题项适合用来测量所对应的潜变量，指标的选取是合理的。此外，量表的判别效度通过变量的平均提炼方差（AVE）来检验，结果表明，各变量的平均提炼方差值均大于 0.500 这一临界值；并且大于该变量与其他潜变量之间的相关系数，表明量表具有较好的判别效度，变量的描述性统计结果如表6 - 4所示。

表 6 - 4　　　　相关系数矩阵与平均提炼方差（AVE）的平方根

项目	均值	标准差	1	2	3	4
1. 产品涉入度	5.322	1.003	**0.532**	—	—	—
2. 个人形象表达	4.880	1.119	0.321	**0.576**	—	—
3. 自我建构	5.497	0.903	0.472	0.476	**0.700**	—
4. 在线个性化定制意向	5.000	1.161	0.508	0.494	0.327	**0.716**

注：对角线上的数字为 AVE 的平方根，对角线下方是各潜变量的相关系数。
资料来源：笔者整理。

二、假设检验

在对量表的信度与效度进行检验，得出研究量表具有较好的信度和效度水平之后，运用结构方程模型对所提出的假设关系进行初步验证，如表6 - 5所示。检验结果表明，个人形象表达与在线个性化产品定制意向之间的关系不显著，而其他假设中所对应的变量关系均得到显著性关系支持。这就意味着，个人形象表达中介作用的基本条件没有得到满足。因此，后续分析重点需要转向自我建构的中介作用验证。

表 6 – 5   变量相关分析结果

关系路径	对应假设	标准化路径系数	T 值	结论
产品涉入度→在线个性化定制意向	H1a	0.371 ***	4.374	显著
产品涉入度→个人形象表达	H1b	0.556 ***	5.379	显著
产品涉入度→自我建构	H1c	0.125 ***	9.287	显著
个人形象→在线个性化定制意向	H2	0.117	1.122	不显著
自我建构→在线个性化定制意向	H3	0.501 *	2.147	显著

注：*、**、*** 分别表示 $p < 0.05$，$p < 0.01$，$p < 0.001$。
资料来源：笔者整理。

从表 6 – 5 变量之间相关关系来看，个人形象表达的中介作用没有得到支持，而自我建构的中介作用初步得到支持，但仍然需要根据巴伦和肯尼（Baron and Kenny，1986）的研究结论，将三个模型进行对比分析：部分中介模型、直接模型和完全中介模型，以验证自我建构在产品涉入度与在线个性化产品定制意向之间的中介效应。由此可得，自我建构的中介作用检验结果，如表 6 – 6 所示。

表 6 – 6   自我建构的中介作用检验结果

模型	$\chi^2 (df)$	$\Delta\chi^2$	CFI	GFI	NFI	NNFI	RMSEA
模型 1：部分中介	77.329 (32)		0.947	0.910	0.914	0.926	0.068
模型 2：直接模型	197.966 (33)	120.637	0.808	0.832	0.781	0.738	0.154
模型 3：完全中介	108.956 (33)	89.01	0.912	0.880	0.879	0.879	0.096
—	—	模型 1：部分中介		模型 2：直接模型		模型 3：完全中介	
PI→SC	—	0.102 (9.037) ***		—		0.106 (9.422) ***	
PI→OPI		0.347 (4.551) ***		0.197 (5.882) ***		—	
SC→OPI	—	0.284 (2.211) **		0.131 (0.919)		0.127 (5.459) ***	

注：**、*** 分别表示 $p < 0.01$，$p < 0.001$。另，PI 表示产品涉入度的简称（product involvement，PI）；SC 表示自我建构的简称（self-construal，SC）；OPI 表示在线个性化产品定制意向的简称（online personalization intention，OPI）。
资料来源：笔者整理。

根据表 6-6 可知：自我建构对产品涉入度和在线个性化产品定制意向之间的关系起到了中介作用，即假设 H3 得到了验证。尽管个人形象表达的中介作用没有得到支持，但是产品涉入度对个人形象表达存在显著的正向影响。

第五节　研究结论与管理启示

一、研究结论

本章以自我表达理论为理论分析框架，进而建立了产品涉入度、自我形象表达、自我建构以及在线个性化产品定制意向之间关系的概念模型，利用结构方程模型方法，分析了自我形象表达和自我建构在产品涉入度与在线个性化产品定制意向之间的中介作用。本章的主要研究结论如下。

（1）产品涉入度对在线个性化产品定制意向有直接的正向影响。在线个性化产品定制由于消费者的在线参与设计或产品属性调整，能够实现与消费者产品偏好和特定需求的较好匹配。这将会提高个性化定制产品对于消费者的重要性程度，进而会提高消费者对于在线个性化产品定制的兴趣，以及激发在线个性化产品定制的动机。因此，产品涉入度越高消费者在线定制个性化产品的意向就会越强烈。

（2）自我建构对产品涉入度与在线个性化产品定制意向之间的关系起到明显的中介作用。本章的实证分析过程显示，自我建构与在线个性化产品定制之间的正向相关关系显著；产品涉入度与自我建构之间的正向关系显著；产品涉入度与在线个性化产品定制意向之间存在相关关系。因此，自我建构将会增强产品涉入度与在线个性化产品定制意向之间的关系。也就是说，在其他条件一定的前提下，消费者个体自我建构的欲望越强烈，产品涉入度对在线个性化产品定制意向的影响越显著。

（3）虽然产品涉入度对个人形象有正向影响，但是个人形象对产品涉入度与在线个性化产品定制意向的中介作用不显著。对于在线个性化产品定制来说，产品涉入度越高对于消费者个人形象的表达越具有促进作用。个人形象的表达不会显著提升在线个性化产品定制的意向，因此这对于凸显在线个性化产品定制中的关注点有重要意义。

二、管理启示

通过对自我形象表达和自我建构对产品涉入度与在线个性化产品定制意向之间中介作用的分析，从而揭示了产品涉入度、自我建构对在线个性化产品定制意向的作用机制。本章内容为企业和网络零售商如何更好地利用在线个性化产品定制策略，来吸引更多的消费者以及有针对性地改进在线个性化产品定制策略提供了重要的管理启示。

（1）企业和网络零售商应该重视在线个性化产品定制中消费者自我建构的实现。研究发现，自我建构对产品涉入度与在线个性化产品定制意向之间有显著的中介作用。因此，企业和网络零售商应该在定制过程中鼓励和支持消费者表达自我的独特个性和思想等。同时尽可能地保证消费者通过使用在线个性化产品定制产品能够彰显其个人品质、特性和能力，发现自我并实现自我。例如，企业可以突出在线个性化产品定制的自我特质，包括：口号、形象、自我标签的强化等。

（2）要保证在线个性化产品定制与消费者自我形象的表达、自我建构的关系，提高在线个性化产品定制与自身价值观念的一致性，进而将这种产品与消费者的需求和价值观念的匹配所形成的评价，转化为消费者的在线个性化定制意向。也就是说，企业和网络零售商在推广个性化产品定制中还需要赋予在线个性化产品定制更高的价值附加属性。例如，网络零售商在产品定制中，突出通过个性化定制是打造一种与众不同的生活方式、是塑造一种别人难以复制的风格等都属于提高个性化产品定制价值附件属性的策略。

（3）提高在线个性化产品定制过程中消费者参与产品设计和创新的水平。自我建构的实现以及自我形象的表达，都是需要消费者融入产品形成过程或者与产品形成更高程度的匹配才能够实现的。要实现这一点，最直接的手段就是在产品的个性化属性确定之前，让消费者在产品的定制工具包中将消费者的偏好和需求很好呈现出来，这样就能够保证最终形成的在线个性化定制产品的外观属性和视觉上能够直接展示消费者的自我属性，完成一个自我表达和自我展示的过程。因此，企业和网络零售商应该意识到，提高在线个性化产品定制中消费者自我表达的水平对于促进定制意向是有重要促进作用的。

第六节　本　章　小　结

本章的目的是验证自我表达在产品涉入度与在线个性化产品定制意向之间的中介作用。

首先，深入分析了自我表达理论中的两个重要变量：个人形象表达和自我建构；同时，论证了产品涉入度与在线个性化产品定制意向之间的关联。在此基础上，提出了研究中的概念模型。

其次，以天津市、重庆市、河南省三地的在校大学生（包括在读

MBA）为调查样本，同时委托数据调查公司完成另一部分样本（在线购物经历丰富的活跃人群）的数据采集，并将此作为实证检验和分析的依据。

再次，运用结构方程模型的统计分析方法对问卷调查的数据进行分析，借助于 SPSS19.0 完成对数据的数据信度分析。进一步借助 AMOS21.0 对数据进行效度分析，并完成对研究假设的验证和分析等工作。以此为基础，采用三步分析法来检验自我建构的中介作用。

最后，结合假设检验的结果，对数据分析结果进行深入的解释、说明和讨论，并针对理论分析结果明确研究的理论贡献，同时针对企业和网络零售商的在线个性化产品定制策略提出相应的对策和建议。

第七章

基于定制水平的在线
个性化产品定制模式

　　企业和网络零售商在向消费者提供在线个性化定制产品时，存在不同的产品定制组织模式。例如，根据产品客观属性（objective features）与客户主观反应（subjective responses）的不同组合形式，可以实现对不同类型定制产品模式的划分（Addis and Holbrook，2001）。有从业人员指出，2014 年以来，随着个性化定制需求的凸显，传统大规模批量化生产模式已经开始发生变化，小批量、多样化的产品生产模式已经出现，中国制造业个性化定制开始兴起[①]。

　　由本书第四章和第五章的实证研究可知，在线个性化产品定制情境下，消费者个体的独特性需求对产品创新有正向影响；同时，产品创新对消费者个性化产品定制过程中感知易用性、感知有用性有正向影响。除此之外，第六章的实证研究结果表明，自我建构（自我表达的一个维度）在产品涉入度与在线个性化产品定制意向中起中介作用。因此，在线个性化产品定制过程中的产品创新和自我建构对于个

---

　　① http：//articles. e-works. net. cn/amtoverview/article121295. htm

性化定制意向有重要影响。然而，在线个性化产品定制中产品创新、自我建构的实现，都需要消费者参与到定制过程中，对产品的不同属性和特征进行选择、改变、调整、组合和设计。也就是说，在线个性化定制中产品的可定制水平直接决定了消费者的产品创新、自我建构的实现程度，进而会对消费者的感知价值等心理和行为效应产生影响。据此，本章将以在线个性化产品定制中的考虑消费者创新的产品可定制水平为着眼点，对在线个性化产品定制的模式进行划分，目的是为企业和网络零售商的在线个性化产品定制策略提供有益的理论参考和实践借鉴。

第一节　相关概念界定

一、消费者创新

伴随科学技术的发展和互联网经济的崛起，产品创新愈发成为提升企业核心竞争力、推动产业发展的动力。而消费者对产品需求的日趋多样化，导致产品的技术复杂性不断增加、产品的生命周期逐渐缩短，企业的创新活动也因此变得越来越复杂和困难（Un et al.，2010）。同时，由于消费者个体创新意识的不断成长（刘石兰和郝斌，2012），当企业提供的标准化生产产品不能满足他们的需求时，消费者便会尝试修改产品或者开发全新的产品来满足自身的特定需求或独特偏好（Arts et al.，2011）。事实上，早在20世纪80年代，来自不同行业中的企业就已经开始尝试进行大规模产品的定制活动，然而，由于受制于当时产品设计、运营以及市场需求等众多因素，很多企业的产品定制只能针对一小部分个人或者是进行小批量的生产（Levav et al.，2010）。而随着电子商务、互联网经济以及信息技术的快速发展和应用，企业和网络零售商不仅能通过互联网直接地面对消费者，而且能够对消费者的特定产品需求做出及时的反馈，进而为规模产品定制向更为精细的个性化产品定制提供了条件，如图 7-1 所示。

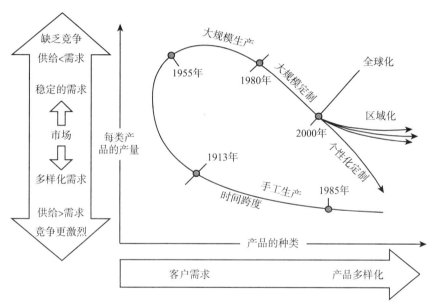

图 7-1　企业制造模式的变革趋势——在线个性化产品定制模式

资料来源：科伦（Koren，2010）。

二、在线个性化定制与消费者创新

在线个性化产品定制通过借助信息技术和社交媒体的发展，使得消费者利用在线定制工具包修改产品或者开发新产品变得便捷且高效，消费者的创新意识和创新能力也因此变得更加开放和活跃（马永斌等，2013）。更为重要的是，在线个性化产品定制不仅允许消费者参与到产品的设计和创造过程中，而且能够帮助消费者更好地表达其个性和自我特质，进而可以更好地满足消费者对产品的需求。也就是说，消费者创新本质上是其释放和展现个性的过程，这就意味着，消费者创新包含其独特个性和特定偏好的表达（Adner and Levinthal，2001）。基于上述分析，本书在埃里克·冯·希佩尔（Eric von Hippel，1978）和希佩尔和格奥尔·冯·克罗格（Hippel and Georg von Krogh，2003）的研究基础上，提出了在线个性化产品定制情境下的消费者创新，它是指消费者个体或者群体为了满足自己的特定需求，利用企业提供的在线定制工具包开发或者修改产品，并从中获取利益的过程和活动。

当前，已有不少企业出于资源和能力的互补、供给和需求的匹配等方面的考虑，向消费者提供在线个性化定制产品（Franke and Hippel，2003）。例如，耐克公司旗下产品定制部门（NIKEiD）允许消费者根据个人偏好在线选择和改变产品的款式、材质、颜色和搭配方案，还可以将个性化的签名添加到产品上；新居网的家居定制通过采纳消费者的设计和创意，帮助消费者实现个性化的家居设计和布局，为其打造专属的个性化定制家居；易集（Etsy）作为手工工艺品的在线交易平台，除了为消费者提供手工工艺品的在线定制和在线交易，而且尝试吸收来自消费者的创新产品并将其商业化。由此可见，不同企业或网络零售商的在线个性化产品定制策略在具体执行过程中的产品"定制水平"是存在差异的。即有的企业（网络零售商）允许消费者对产品的多个属性和特征进行自我设计；而有的企业（网络零售商）仅仅允许消费者对产品的少数属性和特征进行选择，而不能实现消费者对于产品的设计。这也是本章以产品的"可定制水平"作为切入点，对在线个性化产品定制模式进行分类的原因。

第二节 在线个性化产品定制模式的分类

如前所述，在信息传播迅速和社交媒体发达的今天，消费者不仅能够获取丰富的产品和市场信息，而且可以自由与其他消费者以及企业进行产品信息的交换，这为消费者表达对产品的需求创造了良好外部条件（Ernst et al.，2011）。消费者对于独特性和差异化的追求，促使他们为了满足需求去修改现有产品或开发新产品（Li and Unger，2012）。通过产品的在线个性化定制，企业不仅可以帮助消费者实现创新设想，而且可以利用消费者创新来获得产品开发的外部动力（Michel et al.，2009）。而消费者创新能够较好契合对产品的潜在需求，且具有低成本高效率的特点，因此，对企业创新起到很好的补充作用，企业也愿意采取相应激励措施促进和帮助消费者实现个体的产品创新，如图 7 - 2 所示。

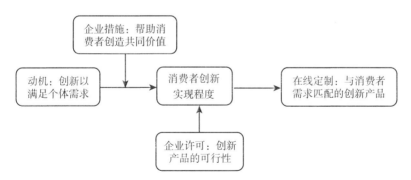

图 7 - 2 基于消费者创新的在线个性化定制概念模型

资料来源：笔者整理。

然而，由于企业运营管理或者信息技术方面的限制，导致部分企业和网络零售商不可能满足消费者关于产品创新和自我表达的所有创新性设想，这也就意味着，在线个性化定制中消费者创新的实现具有一定的局限性，其具体表现是：消费者参与产品创新的程度以及消费者创新的可执行程度两个维度不同，进而使得个性化定制产品的定制水平存在差异。本书立足于在线个性化产品定制过程中的产品"定制水平"差异这一特点，将在线个性化产品定制划分为三种不同的模式：基于产品属性选择的在线个性化产品定制、用户参与设计的在线个性化产品定制、"一对一"式在线个性化产品定制，如图 7-3 所示。

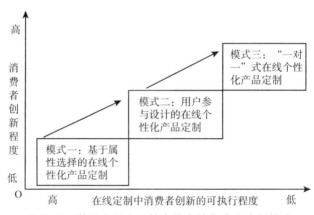

图 7-3　基于定制水平的在线个性化产品定制模式

资料来源：笔者整理。

一、基于产品属性选择的在线个性化产品定制模式

基于产品属性选择的在线个性化产品定制模式是指消费者在产品定制过程中，按照企业或网络零售商提供的产品属性不同的组合方案来决定最终的定制产品。对于消费者个体来说，在个性化产品定制过程中消费者没有机会表达自己对产品的见解和看法，也就没有办法将自己对于产品的创新性想法通过产品定制予以实现，消费者因此只能

被动地接受企业提供的产品定制方案。基于此，该种产品定制模式下消费者创新程度最低。

对于企业来说，企业将有关产品的属性定制方案的选择通过网站提供给消费者，消费者只需根据自己对于产品不同属性的偏好完成产品的定制，企业无需对产品定制方案的可行性进行评估，进而保证了较高的可执行程度。因此该种产品定制模式适用于消费者创新程度较低、在线个性化产品定制方案可执行性较高的产品。例如，在对定制产品的复杂性与定制系统的采纳过程中，可以以背包为例分析在线个性化产品定制系统的复杂性问题（Kamis et al.，2008）。也就是说，对于不同的定制产品，企业所提供的在线定制工具/系统的复杂性等需要做出调整。

二、客户参与设计的在线个性化产品定制模式

客户参与设计的在线个性化产品定制模式是指产品定制过程中，消费者能够参与到产品设计的过程中，或者能够对产品定制方案按照自己的设想进行调整；若基于消费者创新的个性化产品定制方案能够获得企业的支持，则消费者可以得到满足自身偏好和设计的在线个性化定制产品。在该种模式下，消费者的创新程度较高，并实现了与原有产品定制方案的有效结合。

对于企业来说，消费者基于网站所提供的在线定制工具包，充分表达了个体的创意和个性化设计。为了满足消费者的这一创新性想法，企业和网络零售商需要对消费者提供的产品定制方案进行衡量。与此相对应，企业为了保证消费者创新性产品设想的实现，需要通过技术手段进一步提高在线个性化产品定制系统的可用性和可行性。也就是说，随着定制产品复杂性程度的提高，此时在线个性化产品定制

的可执行性水平反而降低了（Dellaert and Stremersch，2005）。

综上所述，客户参与设计的在线个性化产品定制模式相对较为复杂，无论是消费者还是企业都需要付出一定的时间和精力，以保证定制过程的顺畅。

三、一对一式的在线个性化产品定制模式

一对一式的在线个性化产品定制模式是指比较高级的个性化产品定制模式，企业针对消费者个人的产品定制需求，组建团队专门服务于消费者个人的定制要求。一般来说，若消费者具备一定的专业化背景知识，可以深入参与到的产品的设计和创新过程中，而且能够与企业的设计团队、生产团队紧密合作进而生产出独特的创新性产品，进而所得到的个性化定制产品的消费者创新程度较高。例如，现在日趋流行的高级服装定制、在线个性化家居定制方案等的完成都是属于这种定制模式。

对于企业来说，为消费者提供高级的在线个性化定制需要有足够的人力和物力来实现。例如，新居网（http：//www. homekoo. com/）为了满足消费者的个性化家居定制方案，组建了专门的团队来帮助消费者创新的实现。这一过程包括：在线与网站的设计师进行沟通，表达自己对于家居方案的想法和设计要求，同时可以加入自己对于家居装饰的设想和创造力；然后，设计师辅助消费者完成对于家居定制方案各种创造性想法，消费者进而得到自己专属的个性化家居定制方案，然后进行后续的装修工作。此种模式下企业将付出大量的人力、物力等资源，以保证消费者创新方案的实现，消费者因此需要付出相对较高的经济支出。综上，我们总结并比较三种不同定制模式的特点（如表7-1所示）。

表 7 – 1 在线个性化产品定制模式定性的对比分析

对比项目	定制模式		
	基于产品属性选择的 在线个性化产品定制	用户参与设计的在线 个性化产品定制	一对一式在线 个性化产品定制
消费者创新水平	低	中	高
个性化定制水平	低	中	高
定制复杂程度	低	中	高
在线定制努力程度	低	中	高
定制经济支出	低	中	高
定制产品价值	低	中	高
定制技术要求	低	中	高

资料来源：笔者整理。

第三节 在线个性化产品定制模式的比较分析

在基于可定制水平差异的三种在线个性化产品定制模式中，涉及的参与主体是企业/网络零售商和消费者个体/群体。其中，消费者是在线个性化产品定制过程中产品创新的主要实施者，企业在这产品的定制过程中提供技术支持和保障（Ransbotham et al. ，2012）。该部分依据个性化产品的可定制水平的差异来构建模型，进而通过数学模型法来比较和验证不同的在线个性化产品定制模式的适用性和优劣性。

一、基于产品属性选择的在线个性化产品定制模式

在基于产品属性选择的在线个性化产品定制模式中，基于消费者创新的定制水平几乎完全取决于企业内部的资源来展开，消费者参与产品创新的程度非常有限，甚至可以忽略不计。基于此，假设消费者

对产品的需求函数为：$p = d - \alpha q$，其中，p 为产品的价格，q 为产品的需求数量，d 与 α 均为常数，且有 $d > 0$，$\alpha > 0$。据此，企业的利润可以表示为：

$$\pi_1 = (p - c + h)q - \frac{1}{2}\theta h^2 \tag{7.1}$$

式（7.1）中，c 为企业创新的单位成本；$\frac{1}{2}\theta h^2$ 为企业的创新投入（韦铁和鲁若愚，2011），h 表示创新给企业带来的单位收益（比如，成本的节约、效率的提升等），θ 为常数，且有 $\theta > 0$。将消费者需求函数代入式（7.1）中，可以得到企业的利润函数为：

$$\pi_1 = (d - \alpha q - c + h)q - \frac{1}{2}\theta h^2 \tag{7.2}$$

由于企业根据自身利润最大化的原则来确定产品的产量和产品创新的投入，因此，满足企业利润最大化的一阶条件满足：

$$\frac{\partial \pi_1}{\partial q} = d - 2\alpha q - c + h = 0 \tag{7.3}$$

$$\frac{\partial \pi_1}{\partial h} = q - \theta h = 0 \tag{7.4}$$

考虑现实经济活动中 $q > 0$，$c > 0$，$h > 0$，以及企业利润实现最大化的二阶条件，为使讨论有意义，设 $d - c > 0$，$2\alpha\theta - 1 > 0$。由此解得

$$q_1^* = \frac{\theta(d - c)}{2\alpha\theta - 1} \tag{7.5}$$

$$h_1^* = \frac{d - c}{2\alpha\theta - 1} \tag{7.6}$$

二、用户参与设计以及一对一式在线个性化产品定制模式

在用户参与设计以及一对一式在线个性化产品定制模式中，消费者均参与到产品的创新过程之中，而区别只在于消费者参与产品创新

的程度，其直接表现就是在线个性化中的产品可定制水平。由于消费者参与到产品创新过程中，实现了自我产品需求的表达，致使产品能够更好地反映消费者的需求和偏好，因此其需求曲线将会向右移动，需求函数变为 $p = d - \alpha(q - kh)$。其中，k 为消费者参与产品创新并与企业合作的效率（即产品可定制程度的实际执行效果），且有 $k > 0$。由于消费者创新的目的不是为了实现创新的扩散，而是为了满足自身对产品的需求，因此企业支付给顾客的创新参与收益极为有限，可以忽略不计。此时，企业的利润函数为：

$$\pi_2 = \left[d - \alpha(q - kh) - c + h \right] q - \frac{1}{2}\theta h^2 \qquad (7.7)$$

此时，企业利润最大化的一阶条件为：

$$\frac{\partial \pi_2}{\partial q} = d - 2\alpha q - c + (1 + \alpha k)h = 0 \qquad (7.8)$$

$$\frac{\partial \pi_2}{\partial h} = (1 + \alpha k)q - \theta h = 0 \qquad (7.9)$$

为了使讨论具有现实经济意义，设 $2\alpha\theta - 1 - 2\alpha k - \alpha^2 k^2 > 0$，由式（7.8）和式（7.9）分别得：

$$q_2^* = \frac{\theta(d - c)}{2\alpha\theta - 1 - 2\alpha k - \alpha^2 k^2} \qquad (7.10)$$

$$h_2^* = \frac{(d - c)(1 + \alpha k)}{2\alpha\theta - 1 - 2\alpha k - \alpha^2 k^2} \qquad (7.11)$$

为了比较基于产品属性选择的在线个性化产品定制模式（可定制水平较低），和用户参与设计以及"一对一"式在线个性化产品定制模式（两种模式的产品可定制水平较高）下，企业定制产品的销售数量和创新收益的大小，有：

$$q_2^* - q_1^* = \theta(d - c)\left(\frac{1}{2\alpha\theta - 1 - 2\alpha k - \alpha^2 k^2} - \frac{1}{2\alpha\theta - 1} \right) \qquad (7.12)$$

$$h_2^* - h_1^* = (d - c)\left(\frac{1 + \alpha k}{2\alpha\theta - 1 - 2\alpha k - \alpha^2 k^2} - \frac{1}{2\alpha\theta - 1} \right) \qquad (7.13)$$

由于 $2\alpha k + \alpha^2 k^2 > 0$，所以有 $q_2^* - q_1^* > 0$，$h_2^* - h_1^* > 0$。

命题7.1：与基于产品属性选择的在线个性化产品定制模式相比，基于消费者创新参与的、产品可定制水平得到一定保证的用户参与设计和"一对一"式的在线个性化产品定制模式下，企业的个性化产品的市场需求量以及创新收益有了显著提升。

此外，在用户参与设计的在线个性化产品定制模式和一对一式在线个性化产品定制模式中，产品的可定制水平得到一定保证，即当消费者参与到产品的创新过程中时，有：

$$\frac{\partial h}{\partial k} = \frac{\alpha(d-c)\left[1+2(1+\alpha k)^2\right]}{\left(2\alpha\theta-1-2\alpha k-\alpha^2 k^2\right)^2} > 0 \qquad (7.14)$$

命题7.2：在用户参与设计的在线个性化产品定制模式以及一对一式在线个性化产品定制模式下，随着消费者参与产品创新并与企业合作效率的提高，企业所获创新收益也就越来越大；由于一对一式在线个性化产品定制模式实现了最高水平的产品可定制水平，因此该模式将会获得更多的创新收益和市场利益。

三、算例分析

为了进一步直观地分析基于消费者个体创新的个性化产品的可定制水平对企业利润变化的影响过程和趋势，下面给出上述模型分析过程的数值算例。

假设，消费者的需求函数是 $p = 100 - 0.5q$；为了实现较高水平的在线可定制水平，企业的创新投入为 $\frac{1}{2}\theta h^2 = 2h^2$，企业的创新单位成本为 $c = 20$，消费者参与产品创新并与企业合作的效率为 $k = 0.7$。计算和比较分析不同的在线个性化产品定制模式企业利润的数量以及变化趋势。通过计算得出，基于产品属性选择的在线个性化产品定制模式下，企业的利润为 4266.67；通过利用消费者个体创新，进而实现了较高产品可定制水平下企业的利润为 5846.32，如表 7-2 所示。

表 7-2　　　　　不同创新合作效率下创新收益、产品销量和利润分布

k	h	q	π
0.1	29.00	110.44	4336.43
0.2	31.54	114.70	4587.81
0.3	34.36	119.51	4780.58
0.4	37.5	125.00	5000.00
0.5	41.03	131.28	5251.28
0.6	45.02	138.53	5541.13
0.7	49.60	146.96	5846.32
0.8	54.90	156.86	6274.51
0.9	61.13	168.64	6745.72
1.0	68.57	182.86	7314.29

资料来源：笔者整理。

　　与此同时可以发现，随着企业对消费者个体创新利用水平的提升，企业实现了较高水平的创新收益和企业利润，这与本章命题 7.1 的结论一致，如图 7-4 所示。也就是说，一对一式在线个性化产品定制水平是能够为企业带来更多创新收益和企业利润的在线个性化产品定制模式，这与本章命题 7.2 的结论相一致。因此，通过鼓励和支持消费者参与产品创新的在线定制将会提高企业的利润。此外，随着消费者与企业创新合作效率 k 的增加，企业利润也会持续增加，如图 7-5 所示。

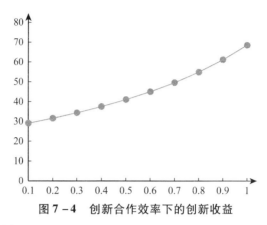

图 7 - 4　创新合作效率下的创新收益

资料来源：笔者整理。

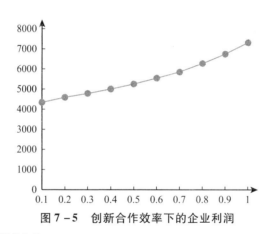

图 7 - 5　创新合作效率下的企业利润

资料来源：笔者整理。

第四节　研究结论与管理启示

本章以基于消费者个体创新的可定制水平为视角，将在线个性化产品定制分为基于产品属性选择的在线个性化产品定制模式、用户参与设计的在线个性化产品定制模式、一对一式在线个性化产品定制模式。随后，用数学模型对基于消费者创新的可定制水平为主要参数，对比分析了三种在线个性化产品定制模式的优劣性。本章得出了以下主要结论。

一、研究结论

本章利用数学模型方法，比较分析了三种不同的在线个性化产品定制模式，并结合仿真算例对所得出的命题进行验证。通过研究可以发现以下两个方面。

（1）以基于消费者创新的可定制水平为基准，纳入消费者个体创新水平最高的一对一式在线个性化产品定制模式，能够为企业创造最高的创新收益和利润水平；用户参与设计的在线个性化产品定制模式所带来的创新收益和企业利润次之；而基于产品属性选择的在线个性化产品定制模式能够带来的创新收益和企业利润最小。

（2）由于具备了较高的产品可定制水平，一对一式在线个性化产品定制模式能够促进企业的个性化产品销售量。同等成本和定制情境下，在线个性化产品定制过程中能够吸收到的消费者创新水平越高、消费者参与定制程度越高，所得到的个性化定制产品越能够契合消费者个人的偏好和需求，越能够激发消费者个体的定制意向。

二、管理启示及研究局限

纳入消费者个体创新的在线个性化定制，作为企业提升产品竞争力以及开发新产品的市场策略，已经被越来越多的企业所采纳，但是，在线个性化定制过程中，企业应该采取何种组织模式才能有效增加企业利润，这是值得探讨的具有现实意义的问题。

（1）在线个性化产品定制模式的选择。对于提供个性化定制产品的企业和网络零售商来说，根据所提供产品的类型和需要纳入消费者创新的程度，应该选择不同的在线个性化产品定制模式。在不考虑成本和其他产品定制限制的条件下，一对一式在线个性化产品定制模式能够为企业和网络零售商带来更多的产品需求量、创新收益和企业利润。

（2）在线个性化产品定制中对于可定制水平的重视。通过对在线个性化产品定制模式的数学模型分析，得出了在线个性化产品定制中基于消费者创新的可定制水平能够激发消费者的定制热情。因此，企业和网络零售商通过提高在线定制工具的技术水平，尽可能地提高在线定制中对于消费者创新和设想的吸收，可以实现更高的定制产品销量和企业利润。

本章运用数学模型比较分析不同在线定制模式过程中，由于以基于消费者创新的产品可定制水平为分析视角，因此，未对用户参与设计的在线个性化产品定制模式和一对一式在线个性化产品定制模式做出更为深入的分析，这是因为两种在线个性化产品定制模式都不同程度地纳入消费者个体创新，且能够满足消费者对产品提出不同的定制水平。未来的研究可以在此基础上通过选择其他维度来对两种不同的在线个性化定制模式进一步进行比较分析。

第五节　本　章　小　结

本章的目的是比较分析不同在线个性化产品定制模式的适用性和优劣性。

首先，通过比较分析众多企业和网络零售商的在线个性化产品定制策略的异同点，以基于消费者创新的可定制水平为切入点划分了三种不同的在线个性化产品定制模式：基于产品属性选择的在线个性化产品定制模式、客户参与设计的在线个性化产品定制模式、一对一式在线个性化产品定制模式。

其次，通过参数的拟合完成不同在线个性化产品定制模式下的数学模型构建，并以企业利润和创新收益为基准，进一步分析了不同的在线个性化产品定制模式的优劣性。并结合数值仿真的分析，对所得出的命题进行验证。

最后，结合数学模型所得出的命题和数值仿真结果，对不同在线个性化产品定制模式的优劣和适用性进行深入的解释和讨论，同时为企业和网络零售商的在线个性化产品定制策略提出相应的对策和建议。

第八章

结论与展望

在前述理论回顾与文献综述、质性探索研究、定量实证检验和数学模型分析的基础上，首先，对全书的重要结论进行回顾与总结，并凝练出本书研究的主要创新点；其次，详细阐述本书研究的理论贡献与管理启示，以为企业和网络零售商的在线个性化产品定制策略提供有针对性的对策和建议；最后，对本书研究过程中的局限以及未来可能的研究方向和研究空间进行展望和讨论。

第一节　主要研究工作与结论

一、主要研究工作

本书基于管理信息系统中的计划行为理论、技术接受模型，消费者行为分析中的独特性需求理论，传播学中的使用与满足理论以及社会心理学中的自我表达理论，对个体消费者的在线个性化产品定制意向的影响机制展开深入研究。本书的主要研究工作体现在以下五个方面。

(一) 在线个性化产品定制意向的影响因素分析

运用基于扎根理论的质性研究方法进行消费者在线定制个性化产品意向的影响因素研究。在已有研究文献的基础上，提出该部分需要解决的核心问题，构建在线个性化产品定制意向的影响因素模型。通过对拥有在线个性化产品定制经验的消费者进行开放式的半结构化访谈，并通过扎根理论的定性数据分析方法，初步确定影响在线个性化产品定制意向的影响因素，即从理论的视角回答"应该是什么?"的问题。目的是为本书第四章、第五章和第六章的理论模型的设计和定量的实证检验奠定坚实的基础。

(二) 基于独特性需求的在线个性化产品定制意向研究

通过大规模问卷调查方法获取消费者对于在线个性化产品定制意向的判断和反馈，运用结构方程模型的统计分析方法对所确定的理论概念模型以及所提出的研究假设进行检验，即通过定量的实证研究来回答影响在线个性化产品定制意向的因素"事实上是什么?"的问题，进而实现对定制意向影响显著变量的验证。同时，探究独特性需求理论框架下的不同影响要素之间的相互作用过程和机制。

(三) 基于 UGT 和 TAM 整合模型的在线个性化产品定制意向研究

根据探索性质性研究的结果并结合技术接受模型（technology acceptance model, TAM），该部分确定了直接影响在线个性化产品定制意向的两个变量：感知易用性和感知有用性。同时，根据技术接受模型可知，在线个性化定制过程中存在着影响感知易用性和感知有用性的"外部变量"。该部分研究内容在在线个性化产品定制情境下，通过使用与满足理论（uses and gratifications theory, UGT）来选择、限定和解释可能的外部变量，包括：产品创新、情感依恋、自我表现和社会交往四个变量，进而构建该部分的基础研究模型。通过大规模问卷来获取消费者对于上述变量之间关系的反馈和判断，利用结构方程模型来对概念模型中的变量关系进行验证，从而有效解答"事实上是什么？"的研究问题。

（四）产品涉入度对在线个性化产品定制意向的影响：自我表达的中介作用分析

通过梳理相关研究文献，可知：产品涉入度会对消费者的在线个性化产品定制中的自我表达有影响。而结合我们的探索性研究的结果，本部分将验证自我表达对产品涉入度与在线个性化产品定制意向的中介作用，进而确定了该部分的基础研究模型。根据自我表达理论，确定了需要验证的两个中介变量：个人形象表达和自我建构。在此基础上，首先，通过大规模问卷调查的方法来获取消费者对于上述变量之间关系的反馈和判断。其次，利用结构方程模型来对概念模型中的变量之间的相关关系进行初步的验证；最后，根据中介效应的三步检验法对存在显著相关关系的变量之间的中介变量进行验证。

（五）基于定制水平的在线个性化产品定制模式分析

在充分总结和分析众多企业和网络零售商的个性化产品定制实践的基础上，基于用户创新水平的可定制水平归纳出在线个性化产品定制的三种具体形式：基于产品属性选择的在线个性化产品定制、用户参与设计的在线个性化产品定制、一对一式的在线个性化产品定制。然后，通过数学模型的方法对三种不同的产品定制模式的优劣性和适用性进行分析。

二、主要结论

在互联网经济和电子商务迅速发展的背景下，在线个性化产品定制作为电子商务、互动营销和差异营销的重要创新性市场策略，然而学术界对于在线个性化产品定制的探讨有待做出进一步的理论与实证研究。本书通过总结和梳理已有的关注（在线）个性化产品定制的研究，在前人的理论和实证研究基础上，综合运用消费者行为分析中的独特性需求理论、传播学中的使用与满足理论、管理信息系统中的计划行为理论以及技术接受模型、社会心理学中的自我表达理论，对消费者的在线个性化产品定制意向的影响机制展开研究，以实现对在线个性化产品定制行为背后的心理动机和行为决策进行解释、说明和预测。

本书主要围绕五项具体内容展开研究：第一，基于质性研究的在线个性化产品定制意向的影响因素研究，即通过基于访谈数据的扎根理论梳理出在线个性化产品定制意向的影响因素，进而基于计划行为理论的分析框架构建了影响因素模型；第二，基于独特性理论和计划行为理论（TPB）的在线个性化产品定制意向研究，借助于计划行为的理论分析框架，研究独特性需求理论下的相关变量对在线个性化产品定制意向的影响机制；第三，基于使用与满足理论（UGT）和技术接受模型（TAM）整合模型的在线个性化产品定制意向研究，研究重点分析 UGT 和 TAM 的整合模型理论框架下的变量对在线个性化产品定制意向的影响机制；第四，产品涉入度对在线个性化产品定制意向的影响，研究个人形象表达和自我建构的中介作用；第五，基于定制水平的在线个性化产品定制模式研究，在提炼出企业和网络零售商的不同在线个性化产品定制模式的基础上，利用数学模型来对比分析不同在线个性化产品定制模式的适用性和优劣性。综上所述，本书采用半结构化访谈、问卷调查和数学模型等研究方法，选择具有在线个性化产品定制经历的消费者和大学生群体为实证研究的调研对象，运用SPSS 和 AMOS 等统计分析软件开展数据分析的工作，最终得出了以下七项主要结论。

（一）主观规范、行为态度和感知行为控制对在线个性化产品定制意向有正向影响

通过本书第三章的质性研究已经发现，在线个性化产品定制情境下的主观规范、行为态度和感知行为控制会对在线个性化产品的定制产生影响。第四章的大规模问卷调查获取了拥有在线个性化产品定制经历的消费者的真实反馈，数据分析结果显示主观规范、行为态度和感知行为控制对在线个性化产品定制意向有正向影响。具体来说，消费者所感知到的在线个性化产品定制过程中的难易程度会影响个性化产品定制的意向；身边重要他人（家人、朋友和同事）对在线个性化产品定制的看法将会影响消费者的定制意向；另外个体消费者对在线个性化定制的态度也会对其个性化产品定制意向产生影响。进一步得出，行为态度和感知行为控制对消费者个性化产品定制意向的影响整体上要小于主观规范的影响程度。

（二）主观规范、感知行为控制和独特性需求对（个性化产品定制的）行为态度有正向影响

在影响个体行为态度的三个变量（包括：主观规范、感知行为控制和独特性需求）中，主观规范对行为态度的影响程度最为显著。这一结果说明，消费者在评价在线个性化产品定制的预期结果时，更加重视身边重要他人的看法。消费者的独特性需求会对个体行为态度产生影响，说明消费者会将定制产品的独特性水平和差异程度纳入个性化定制的评价之中，这也对在线个性化产品定制中产品的独特性和差异程度提出了更高要求。与此同时，独特性需求还会对感知乐趣和产品创新产生影响，然而，感知乐趣和产品创新这两个变量对消费者在线个性化定制态度的影响不显著。因此，在线个性化产品定制下的计划行为理论（TPB）需要提取个体行为信念中的独特性需求这一变量。

（三）情感依恋、产品创新对感知有用性有显著正向影响

在线个性化定制产品能够满足消费者的情感依恋需求，这对于消费者评价在线个性化产品定制这一行为的有用性有着重要影响；在线个性化产品定制过程中，消费者参与到产品设计中，表达自己对产品的创新性想法，进而满足自身的特定需求，将对其所感知到在线个性化产品定制的价值和功能有显著的正向影响。

（四）产品创新、社会交往对（在线个性化产品定制中）感知易用性有显著正向影响

产品创新作为使用与满足理论（UGT）中，认知需求在个性化定制情境中的主要提取变量，表明消费者对疑难问题的解决和对新奇事物的探索，这一点对消费者所感知到的在线定制一个个性化产品的难易程度有显著影响，这也符合个体的认知需求和学习过程；在线个性化产品定制下的社会交往（社会整合需求动机）对消费者所感知到的定制过程的难易程度有显著影响，这与相关学者所得出的与人交流的动机显著影响其对特定行为或系统的感知易用性是一致的（Joo and Sang，2013）。

（五）产品涉入度对在线个性化产品定制意向有正向影响

在线个性化产品定制由于消费者的在线参与设计或产品属性调整，能够实现与消费者产品偏好和特定需求的较好匹配。这将会提高个性化定制产品对于消费者的重要性程度，进而会提高消费者对于在线个性化产品定制的兴趣，以及激发在线个性化产品定制的动机。因此，产品涉入度越高消费者在线定制个性化产品的意向就会越强烈。

（六）自我建构在产品涉入度与个性化定制意向中有显著的中介作用

本书第六章的实证检验结果显示，个体消费者的自我建构与其在

147

线个性化产品定制意向之间有正向相关关系；同时，产品涉入度与个体消费者的自我建构之间有正向相关关系；产品涉入度与个体消费者的在线个性化产品定制意向之间有正向相关关系。因此，自我建构将会增强产品涉入度与在线个性化产品定制意向之间的正向关系。也就是说，在其他条件既定的条件下，消费者个体自我建构的欲望越强烈，产品涉入度对在线个性化产品定制意向的影响越显著。

（七）纳入消费者创新的定制水平越高，在线个性化定制模式越有优势

以基于消费者创新的可定制水平为评价标准，纳入消费者个体创新水平最高的一对一式在线个性化产品定制模式，能够为企业创造最高的创新收益和利润水平；用户参与设计的在线个性化产品定制模式所带来的创新收益和企业利润次之；而基于产品属性选择的在线个性化产品定制模式能够带来的创新收益和企业利润最小。这就说明，基于消费者创新的可定制水平对在线个性化产品定制的收益有积极影响。同时，由于具备了较高的产品可定制水平，一对一式在线个性化产品定制模式能够促进企业的个性化产品的定制量。因此，在同等运营成本和定制管理环境下，在线个性化产品定制过程中能够吸收到的消费者创新水平越高、消费者参与定制程度越高，所得到的个性化定制产品越能够契合消费者个人的偏好和需求，越能够激发消费者个体的个性化定制意向。

第二节 主要创新点与研究贡献

作为电子商务、互动营销、差异营销和消费者行为领域的一个交叉研究热点，在线个性化产品定制理应成为一个前沿理论与方法研究的热点议题。本书聚焦于在线个性化产品定制意向的影响机制这一重要问题，遵循规范的科学研究范式，采用理论分析、实证研究和数学模型验证相结合的研究方法，得出了有益于企业和网络零售商在线个性化产品定制策略实践的理论参考和管理启示。本书在研究问题选择、概念模型构建以及研究方法的应用等方面都体现出了一定的创新水平。

一、主要创新点

（一）系统、全面地对在线个性化产品定制意向的影响因素展开研究

已有的关注在线个性化产品定制的研究，或是在研究概念的界定、理论分析的深度，或是在概念模型的构建、研究方法的应用上显得较为分散且不全面，难以找到对这一问题深入、系统、全面的研究成果。本书在中国互联网经济和电子商务快速发展的大背景下，结合消费者行为分析、管理信息系统以及市场营销、传播学等相关理论，从消费者个人因素（如情感因素和认知因素）和社会因素（如主观规范和自我表现）等几个方面来分析在线个性化产品定制意向的关键影响因素，从而揭示了在线个性化产品定制意向的影响机制，在研究内容上是对现有消费者在线个性化定制理论体系的有益补充和完善。

（二）将在线个性化产品定制的表象研究与机制研究相结合

对于在线个性化产品定制的研究比较容易从表象上去分析，可能就会导致对在线个性化产品定制的研究停留在对规模定制或在线个性化（服务）定制的研究上。本书在严格界定研究范畴的前提下，利用消费者行为学中的独特性需求理论、社会心理学中的自我表达理论、传播学中的使用与满足理论对消费者在线个性化定制的行为、心理、

情感、情绪等对个性化定制意向的影响机制展开研究，不仅对消费者在线个性化产品定制的表象进行了充足的理论分析和论证，而且在对消费者个体的在线个性化产品定制研究中突出了机制性研究的深度和特点。

（三）采用基于扎根理论的质性研究方法对消费者行为进行探索性分析

尽管心理学的研究中已经较为重视和接受基于扎根理论的质性研究方法，然而在消费者个体的研究中对于质性研究方法的应用尚不普遍，在在线个性化产品定制相关研究问题上的运用更是匮乏。本书通过对拥有在线个性化产品定制经历的消费者进行在线访谈，在访谈对象的确立、在线访谈的具体执行等方面树立一个很好的标准；并采用了基于扎根理论的访谈数据编码技术，对定性的访谈数据中的概念范畴、主题和变量进行归纳提炼，为后续的实证检验奠定了坚实的基础。

（四）注重消费者个体的主观感受，进一步探究了自我表达在产品涉入度与在线个性化产品定制中的中介作用

本书在分析产品涉入度对在线个性化产品定制意向的过程中，注重对消费者主观感受——自我表达的分析，将消费者个体的自我表达细分为个人形象表达和自我建构，研究消费者的这两个方面的主观感受（个人形象表达和自我建构）在产品涉入度与在线个性化产品定制意向之间的中介作用。这些结论可以有效地帮助消费者更加明晰地去提高企业在线个性化产品定制策略的精准度和有效性。

二、研究贡献

根据上述主要研究结论和创新点，本书对在线个性化产品定制的相关研究做出了一定的理论贡献，并对企业和网络零售商的在线个性化产品定制策略的改进和优化提供实践参考。

（一）理论贡献

本书遵循规范的科学研究范式，采用理论分析和实证验证相结合的方法，综合运用了消费者行为分析中的独特性需求理论、传播学中的使用与满足理论、心理学中的自我表达理论、管理信息系统中的计划行为理论和技术接受模型的理论分析框架，通过质性研究、问卷调查、在线访谈等实证研究方法，对个体的在线个性化产品定制意向的影响机制展开研究。本书的理论贡献体现在以下三点。

第一，在使用与满足理论和技术接受模型理论分析框架的基础上创造了一个新的理论模型，实现了对使用与满足理论（UGT）和技术接受模型（TAM）的整合。技术接受模型在对人们对某种新兴的技术或者信息系统采纳的时候，没有从个体的心理和行为效用上进行考虑；而使用与满足理论在分析某种媒介传播的原因时，往往仅是从受众个体的效用上来进行分析。因此，所构建的整合理论模型在对个性化产品定制进行分析时，综合考虑消费者个体心理和行为方面的效用满足，又将系统本身的优点纳入分析框架，进而实现了模型验证过程的个体主观内在效用满足与系统本身优势相结合的解释方式。

第二，在线个性化产品定制情境下，基于独特性需求理论提取了计划行为理论的前因变量，使得计划行为理论对于在线个性化产品定制意向的解释更加全面、更具体、更精确和更严谨，从而提高了计划行为理论在个体消费者的在线消费行为中的解释力和预测力。基于独特性需求理论和计划行为理论所构建的理论分析框架，并没有背离原来的理论假定和变量关系，而是在特定情境下实现了对理论的深化和延伸，增加了变量之间的关系，并验证了这种假设，从而做出了一定的理论贡献。

第三，将心理学中的自我表达理论部分变量，应用到在线个性化产品定制的研究之中，实现了理论的"繁衍"。将自我表达理论中的两个维度自我形象表达和自我建构，作为产品涉入度与在线个性化产品定制意向之间的中介变量，进而对产品涉入度如何通过自我表达对在线个性化产品定制意向产生影响进行详细的解释和说明。进而通过理论分析和实证研究，验证了自我建构的中介作用，扩展了原有理论的应用和解释范围。

（二）管理启示

第一，企业和网络零售商应该重视口碑效应的发挥。研究发现，主观规范对个体行为态度和定制意向都有着最为显著的影响。因此，企业应该重视人际圈子、群体中互动和口碑效应对消费者个体行为态度和行为意向的影响。而且，借助互联网传播信息的深度和广度，利用社交媒体开展网络口碑营销也是促进个性化产品定制策略更好实施的一个有效方式。

第二，企业和网络零售商尽量降低在线个性化产品定制的难度。研究发现，感知易用性除了对定制意向有直接影响外，还会通过感知有用性对定制意向产生间接的影响。因此，企业和网络零售商应该在技术允许的范围内，最大限度地降低在线个性化定制的难度。并且需要确保网站对于在线个性化定制潜在难点的信息和技术支持。例如，网站提供详细的在线个性化定制文字说明或者视频引导、消费者定制过程中遇到困难时的在线解答等。

第三，注重在线个性化产品定制过程中消费者个体主观能动性的发挥。要保证在线个性化产品定制与消费者自我形象的表达、自我建构的关系，提高在线个性化产品定制与自身价值观念的一致性，进而将这种产品与消费者的需求和价值观念的匹配所形成的评价，转化为消费者的在线个性化定制意向。也就是说，企业和网络零售商在推广个性化产品定制中，还需要赋予在线个性化产品定制更高的价值附加属性。例如，企业和网络零售商需要在个性化产品的定制中，强调消费者通过个性化定制可以"打造一种与众不同的生活方式"，同时可以"塑造一种他人难以复制的独特风格"等，都属于提高个性化产品定制价值附加属性的有效市场宣传策略。

第四，对于在线个性化产品定制模式选择的启示。对于提供个性化定制产品的企业和网络零售商来说，根据所提供产品的类型和需要纳入消费者创新的程度，应该选择不同的在线个性化产品定制模式。在不考虑成本和其他产品定制限制的条件下，一对一式在线个性化产品定制模式能够为企业和网络零售商带来更多的产品需求量、创新收益和企业利润。同时，在线个性化产品定制中基于消费者创新的可定制水平能够激发消费者的定制热情。因此，企业和网络零售商通过提高在线定制工具的技术水平，尽可能地提高在线定制中对于消费者创新和设想的吸收，可以实现更高的定制产品销量和企业利润。

第三节 研究局限与展望

虽然本书以在线个性化产品定制意向的影响机制为主题，遵循规范的科学研究范式，采用理论分析和实证验证相结合的研究方法，对在线个性化定制情境下的消费者行为和心理效用进行了深入分析，获得较丰富的研究结论和管理启示；但是，本书在研究过程中仍然存在着一定的局限和不足，在后续的研究工作中有待进一步改进和提高。

一、研究的局限性

在线个性化定制作为电子商务、互动营销、差异营销以及消费者行为的交叉研究热点，已经开始得到不少国内外学者的关注。然而，对这一问题的研究仍然存在着较大的挑战。一方面，由于该问题涉及的内容相对过于冗杂，目前还没有形成较为稳定、清晰的概念基础和理论分析框架。无论是从基本概念的界定，还是从理论背景的分析以及研究假设的建立，还存在着一定的分歧；另一方面，本书从质性研究开始，以单个网站（网易印象派）中拥有在线个性化产品定制经历的消费者为访谈对象，得出了影响个体消费者在线个性化产品定制行为意向的影响因素模型。在后续的实证研究中，以此作为理论分析和变量选取的重要依据，进而建立研究模型，开展实证的检验得出相对应的研究结论。由于研究问题的复杂性和时间的限制，本书还存在以下三个方面的不足。

（一）在线个性化产品定制意向影响因素的得出基于单个网站消费者的访谈数据

本书中在线个性化产品定制意向的影响因素模型是采用质性研究方法，来对网易印象派的消费者进行在线访谈获取定性数据，并且在严格遵循扎根理论中三步编码的数据分析方法得出的。然而，网易印象派这一个性化产品定制网站虽然提供了较为丰富的产品种类，但是较少涉及较为昂贵的高级定制服装、数码产品等产品品类，所以可能在所得出的定制意向影响因素也存在一定的局限性，这也是我们在后续研究中需要继续探索和挖掘的一个方面。

（二）在验证自我表达的中介作用时以学生为问卷调查对象

本书第六章的问卷调查对象主要是本科生和部分 MBA 在读学生，并不能够完全保证被调研样本都具有在线个性化产品定制的经历。同时，我们主要是以天津市、重庆市和河南省三地高校的本科生为调查对象，该项结论在其他地区的消费者群体中的普适性还需要进一步去验证。

（三）采用数学模型对在线个性化产品定制模式进行对比分析

本书在第七章对在线个性化产品定制模式进行分析时，首先从企业的现实实践中抽象和提炼出了三种不同的在线个性化产品定制模式。在后续对这三种不同在线个性化定制模式进行对比分析过程中，以基于消费者创新的可定制水平为参数进行数学建模，重点考察不同的可定制水平对企业创新收益和企业利润所带来的影响，进而得出其适用性和优劣性。在构建数学模型的过程中，没有办法把在线个性化产品定制情境下的其他相关因素纳入数学模型中进行全面的考察，进而得出的结论价值在一定程度上受到了影响。

二、未来研究展望

在未来的研究工作中，一方面需要突破上述所明确的研究局限，另一方面是紧紧围绕电子商务和互联网经济发展的新形势，从企业和网络零售商的在线个性化产品定制的市场实践中，发现、总结和提炼出新颖、有趣而且亟待解决的现实问题，进一步通过科学的研究方法对这些现实问题进行分析和研究，从而实现对本书研究工作的拓展和延伸。

（一）基于质性研究方法的拓展研究

注重对科学研究方法的使用，强调以实际数据/案例作为后续研究的信息和数据基础。质性研究往往是用来探索和回答"是什么？""为什么？""怎么样？"的问题，以此方法为基础结合企业和网络零售商的在线个性化产品定制的市场实践，探讨在线个性化产品定制中个体消费者的定制行为选择的特性。进一步，利用实验研究方法对在线个性化产品定制中，个体定制行为选择过程中的有限理性等问题展开研究。进而实现，以质性研究和案例研究为探索性研究的"前哨"，去发现问题、明确问题、定位问题,然后利用实验研究方法对所发现的消费者行为选择和转移问题进行确认和界定,最后通过大规模问卷调查的方式进行验证,进而将研究结论理论化、普适化。

(二)基于研究问题的拓展和延伸

本书的研究问题较为集中、针对性较强,主要是以在线个性化产品定制下的个体定制意向为核心,进而收集数据进行分析和论证。然而,随着互联网经济的迅速发展,各行各业的企业都在借助于互联网的发展进行产业转型和升级,因此基于"互联网+"的经济形态下的信息产品与服务定制研究可以作为本书的后续研究工作。例如,企业如何实现信息产品与服务的多属性、多时段的差异化和个性化设计?如何实现个性化的信息产品与服务(包括各种手机应用程序)与不同企业和第三方销售平台的定制捆绑和平台捆绑?进一步,这种个性化信息产品与服务的个性化定制将会对企业和网络零售商(包括平台)的商业模式产生何种影响?等问题都是值得继续探讨的重要问题。

(三)基于研究层次的延展和扩宽

本书的研究对象是在线个性化产品定制下的个体消费者,然而,在线个性化产品定制情境下,消费者的选择会体现出一定的群体行为特征。例如,有两个或更多的相互影响、相互作用、相互依赖的个体所组成的群体,为了某项活动所进行的在线个性化产品定制中,消费者如何才能够保证既能够体现自我的独特性?又能够保证群体行为的一致性?群体(组织)中,其他成员的个性化定制行为将会对个体情绪及其个性化定制行为产生哪些具体影响?这些都是值得需要在在线个性化定制情境下需要继续深入探讨的问题。

(四)基于跨学科理论的实证研究

作为对在线个性化产品定制情境下消费者行为和心理效用的研究,本研究对于在线个性化产品定制行为的理论剖析还存在一定的发展空间，对于其他重要理论的借鉴和应用还存在一定的不足。例如，可以通过心理学研究中的心流理论（flow theory）来进一步分析和验证在线个性化产品定制过程中，个体消费者会在与在线个性化定制系统的互动中产生哪些心流？产品定制过程中，心流的产生又会对消费者的决策行为产生哪些具体的影响。因此，将社会心理学中的其他相关理论应用到在线个性化产品定制行为的研究中，进而深化对这一行为的认识，同时期待做出更为突出的理论贡献。

附录

附录 1：消费者在线个性化产品定制
意向影响因素调查访谈提纲

1. 为什么会选择在网易印象派网站上定制一个个性化产品？

2. 有哪些因素将会促使您完成一个在线个性化产品的定制过程？

3. 有哪些因素会抑制您完成一个在线个性化产品的定制过程？

4. 您觉得在线个性化产品定制能够给您带来哪些方面的效用/价值满足？

5. 您会继续选择在线定制个性化产品吗？为什么？

附录2：消费者在线个性化产品
定制意向调查问卷 A

尊敬的先生/女士：

您好！非常感谢您参与本次问卷调查。本问卷关注消费者在线定制个性化产品的行为意向，旨在了解您在线定制个性化产品行为意向的因素，您的答案将对我们的研究有重要帮助。本问卷采用匿名形式，所有数据仅供学术研究分析使用。为了保证研究的有效性，请根据您的真实感受填写问卷。感谢您的支持！

——南开大学商学院

注：在线个性化产品定制是指消费者通过使用网站提供的定制工具包，实现对产品外观属性（如颜色、材质以及风格等）的设计和调整，最终得到满足自身偏好和需求的个性化定制产品。个性化定制产品的重要特点是能够凸显个人偏好以及传递特定信息，并且明显区别于大规模制造的标准化产品。

第一部分　消费者基本资料

1. 您的性别：　　　男　　　女

2. 您的年龄：　　　18 岁以下　　　18～25 岁　　　26～30 岁　　　31～35 岁　　　36～40 岁　　　41 岁以上

3. 您的学历：　　　高中及以下　　　大专　　　本科　　　硕士　　　博士　　　其他

4. 您的职业： 　学生　　政府公务员　　事业单位工作者

企业工作人员　　专业技术人员　　个体户　　自由职业者　　其他

5. 您每月的网购金额： 　100 元以下　　101 ~ 200 元　　201 ~

300 元　　301 ~ 400 元　　401 ~ 500 元　　501 ~ 1000 元　　1001 ~

2000 元　　2000 元以上

第二部分　消费者在线个性化产品定制意向调查

本部分是对您在线个性化产品定制意向的调查。各个数字代表题项与个人主观或实际情况的符合程度，根据您对在线个性化产品定制的了解情况，请在相应选项上画"√"。

‑‑‑‑‑‑‑ 1 ‑‑‑‑‑‑ | ‑‑‑‑ 2 ‑‑‑‑ | ‑‑‑‑ 3 ‑‑‑‑ | ‑‑‑‑ 4 ‑‑‑‑ | ‑‑‑‑ 5 ‑‑‑‑ | ‑‑‑‑ 6 ‑‑‑‑ | ‑‑‑‑ 7 ‑‑‑‑‑

非常不同意　不同意　不太同意　不好说　有点同意　同意　非常同意

1. 关于您对在线个性化产品定制这一行为态度方面的感受，您是否同意下面的这些描述？

序号	行为态度	1 ~ 7 代表同意程度不断提高						
1.1	我认为在线定制一个个性化产品对我是有意义的	①	②	③	④	⑤	⑥	⑦
1.2	我认为在线定制一个个性化产品是时尚的选择	①	②	③	④	⑤	⑥	⑦
1.3	我认为在线定制一个个性化产品对我有吸引力	①	②	③	④	⑤	⑥	⑦
1.4	我认为在线定制一个个性化产品是愚蠢的行为	①	②	③	④	⑤	⑥	⑦

2. 关于您对在线定制个性化产品这一行为主观规范方面的感受，您是否同意下面这些描述？

序号	主观规范	1 ~ 7 代表同意程度不断提高						
2.1	身边的人会对我在线定制个性化产品的行为表示赞许	①	②	③	④	⑤	⑥	⑦

序号	主观规范	1~7代表同意程度不断提高						
2.2	身边的人认为我可以尝试在线定制一个个性化产品	①	②	③	④	⑤	⑥	⑦
2.3	身边的人会尊重我在线定制一个个性化产品的选择	①	②	③	④	⑤	⑥	⑦

注：主观规范是指个人对于是否采取某项特定行为所感受到的社会压力。

3. 关于您对在线定制个性化产品感知行为控制方面的感受，您是否同意下面的这些描述？

序号	感知行为控制	1~7代表同意程度不断提高						
3.1	我认为完成一个个性化产品的在线定制是容易的	①	②	③	④	⑤	⑥	⑦
3.2	在线个性化产品定制过程由我自己来决定	①	②	③	④	⑤	⑥	⑦
3.3	我具备完成在线个性化产品定制所需要的知识和能力	①	②	③	④	⑤	⑥	⑦

4. 关于您对在线个性化产品定制意向方面的感受，您是否同意下面这些描述？

序号	在线个性化产品定制意向	1~7代表同意程度不断提高						
4.1	我有在线定制一个个性化产品的想法	①	②	③	④	⑤	⑥	⑦
4.2	我在线定制一个个性化产品的可能性很大	①	②	③	④	⑤	⑥	⑦
4.3	我在短期内有在线定制个性化产品的打算	①	②	③	④	⑤	⑥	⑦

5. 关于在线个性化产品定制满足独特性需求方面的感受，您是否同意下面这些描述？

序号	独特性需求	1~7代表同意程度不断提高						
5.1	通过在线定制所得到的个性化产品是独特的	①	②	③	④	⑤	⑥	⑦
5.2	通过在线定制所得到个性化产品可以帮助我创造别人难以复制的个人形象	①	②	③	④	⑤	⑥	⑦
5.3	通过在线个性化产品的定制，我变得与别人不一样	①	②	③	④	⑤	⑥	⑦

6. 关于在线定制个性化产品的感知乐趣方面的感受，您是否同意下面这些描述？

序号	感知乐趣	1~7代表同意程度不断提高						
6.1	在线定制个性化产品的过程可以带给我乐趣	①	②	③	④	⑤	⑥	⑦
6.2	在线定制一个个性化产品是令人愉快的	①	②	③	④	⑤	⑥	⑦
6.3	在线定制中能够参与产品的设计让我觉得有趣	①	②	③	④	⑤	⑥	⑦

7. 关于在线个性化产品的定制能够满足您产品创新需求方面的感受，您是否同意下面的这些描述？

序号	产品创新	1~7代表同意程度不断提高						
7.1	通过在线定制所得到的个性化产品，比规模制造的标准化产品具有创新性	①	②	③	④	⑤	⑥	⑦
7.2	在线定制所得到的个性化产品，可以帮助我实现对产品的创新设想	①	②	③	④	⑤	⑥	⑦
7.3	在线个性化产品的定制过程融合了多种创新要素	①	②	③	④	⑤	⑥	⑦
7.4	在线个性化产品的定制能够满足不同消费者对产品的不同需求	①	②	③	④	⑤	⑥	⑦

------问卷到此全部结束，感谢您的时间与参与，祝您生活愉快------

附录3：消费者在线个性化产品
定制意向调查问卷 B

尊敬的先生/女士：

您好！非常感谢您参与本次问卷调查。本问卷关注消费者在线定制个性化产品的行为意向，旨在了解您在线定制个性化产品行为意向的因素，您的答案将对我们的研究有重要帮助。本问卷采用匿名形式，所有数据仅供学术研究分析使用。为了保证研究的有效性，请根据您的真实感受填写问卷。感谢您的支持！

——南开大学商学院

注：在线个性化产品定制是指消费者通过使用网站提供的定制工具包，实现对产品外观属性（如颜色、材质以及风格等）的设计和调整，最终得到满足自身偏好和需求的个性化定制产品。个性化定制产品的重要特点是能够凸显个人偏好以及传递特定信息，并且明显区别于大规模制造的标准化产品。

第一部分　消费者基本资料

1. 您的性别：　　男　　女

2. 您的年龄：　　18 岁以下　　18 ~ 25 岁　　26 ~ 30 岁　　31 ~ 35 岁　　36 ~ 40 岁　　41 岁以上

3. 您的学历：　　高中及以下　　大专　　本科　　硕士　　博士　　其他

4. 您的职业：　　　学生　　　政府公务员　　　事业单位工作者

企业工作人员　　　专业技术人员　　　个体户　　　自由职业者　　　其他

5. 您每月的网购金额：　　　100 元以下　　　101～200 元　　　201～

300 元　　　301～400 元　　　401～500 元　　　501～1000 元　　　1001～

2000 元　　　2000 元以上

第二部分　消费者在线个性化产品定制意向调查

本部分是对您在线个性化产品定制意向的调查。各个数字代表题项与个人主观或实际情况的符合程度，根据您对在线个性化产品定制的了解情况，请在相应选项上画"√"。

------ 1 ------ | ---- 2 ---- | ---- 3 ---- | ---- 4 ---- | ---- 5 ---- | --- 6 --- | ------ 7 ------

非常不同意　不同意　不太同意　不好说　有点同意　同意　非常同意

1. 关于在线个性化产品的定制可以满足您情感依恋需求方面的感受，您是否同意下面这些描述？

序号	情感依恋	1～7 代表同意程度不断提高						
1.1	我认为通过在线定制所得到的个性化产品，能够帮助我与过往经历建立情感关联	①	②	③	④	⑤	⑥	⑦
1.2	通过在线定制所得到的个性化产品，可以帮助我铭记重要时刻	①	②	③	④	⑤	⑥	⑦
1.3	通过在线个性化产品的定制，我可以纪念对我重要的人	①	②	③	④	⑤	⑥	⑦

2. 关于在线个性化产品定制可以满足您自我表现方面的感受，您是否同意下面的这些描述？

序号	自我表现	1～7代表同意程度不断提高						
2.1	我认为在线定制一个个性化产品是我表达自己个性的一种方式	①	②	③	④	⑤	⑥	⑦
2.2	通过在线定制所得到的个性化产品，能够给别人留下印象	①	②	③	④	⑤	⑥	⑦
2.3	我认为在线定制所得到的个性化产品，可以帮助我吸引别人的注意力	①	②	③	④	⑤	⑥	⑦

3. 关于在线个性化产品定制可以满足您社会交往方面的需求，您是否同意下面这些描述？

序号	社会交往	1～7代表同意程度不断提高						
3.1	在线定制个性化产品可以增加我与别人交流的机会	①	②	③	④	⑤	⑥	⑦
3.2	通过在线个性化产品定制，我可以在网站上发现与我具有相同兴趣的人	①	②	③	④	⑤	⑥	⑦
3.3	在线个性化产品的定制能够提供给我一个与别人交流的话题	①	②	③	④	⑤	⑥	⑦

4. 关于在线个性化产品的定制能够满足您产品创新需求方面的感受，您是否同意下面的这些描述？

序号	产品创新	1～7代表同意程度不断提高						
4.1	通过在线定制所得到的个性化产品，比规模制造的标准化产品具有创新性	①	②	③	④	⑤	⑥	⑦
4.2	在线定制所得到的个性化产品，可以帮助我实现对产品的创新设想	①	②	③	④	⑤	⑥	⑦
4.3	在线个性化产品的定制过程融合了多种创新要素	①	②	③	④	⑤	⑥	⑦
4.4	在线个性化产品的定制能够满足不同消费者对产品的不同需求	①	②	③	④	⑤	⑥	⑦

5. 关于在线个性化产品定制的感知有用性方面的感受，您是否同意下面的这些描述？

序号	感知有用性	1~7 代表同意程度不断提高						
5.1	通过使用在线定制所得到的个性化产品，我可以变得更加自信	①	②	③	④	⑤	⑥	⑦
5.2	使用在线定制的个性化产品可以让我看起来有品位	①	②	③	④	⑤	⑥	⑦
5.3	使用在线定制所得到的个性化产品，有助于提高我的（工作/学习）表现	①	②	③	④	⑤	⑥	⑦

6. 关于在线个性化产品定制感知易用性方面的感受，您是否同意下面的这些描述？

序号	感知易用性	1~7 代表同意程度不断提高						
6.1	我认为在线定制一个个性化产品的过程是简单的	①	②	③	④	⑤	⑥	⑦
6.2	我认为在线定制一个个性化产品不需要我付出过多的精力	①	②	③	④	⑤	⑥	⑦
6.3	通过使用在线定制工具包，我可以轻松得到想要的个性化产品	①	②	③	④	⑤	⑥	⑦

7. 关于您对在线个性化产品定制意向方面的感受，您是否同意下面这些描述？

序号	在线个性化产品定制意向	1~7 代表同意程度不断提高						
7.1	我有在线定制一个个性化产品的想法	①	②	③	④	⑤	⑥	⑦
7.2	我在线定制一个个性化产品的可能性很大	①	②	③	④	⑤	⑥	⑦
7.3	我在短期内有在线定制个性化产品的打算	①	②	③	④	⑤	⑥	⑦

--------问卷到此全部结束，感谢您的时间与参与，祝您生活愉快--------

附录4：产品涉入度与在线个性化定制意向调查问卷

尊敬的先生/女士：

　　您好！非常感谢您参与本次问卷调查。本问卷关注消费者在线定制个性化产品的行为意向，旨在了解您在线定制个性化产品行为意向的因素，您的答案将对我们的研究有重要帮助。本问卷采用匿名形式，所有数据仅供学术研究分析使用。为了保证研究的有效性，请根据您的真实感受填写问卷。感谢您的支持！

　　　　　　　　　　　　　　　　　　　　——南开大学商学院

　　注：在线个性化产品定制是指消费者通过使用网站提供的定制工具包，实现对产品外观属性（如颜色、材质以及风格等）的设计和调整，最终得到满足自身偏好和需求的个性化定制产品。个性化定制产品的重要特点是能够凸显个人偏好以及传递特定信息，并且明显区别于大规模制造的标准化产品。

第一部分　消费者基本资料

　　1. 您的性别：　　　男　　　女

　　2. 您的年龄：　　　18 岁以下　　　18 ~ 25 岁　　　26 ~ 30 岁　　　31 ~ 35 岁　　　36 ~ 40 岁　　　41 岁以上

　　3. 您的学历：　　　高中及以下　　　大专　　　本科　　　硕士　　　博士　　　其他

4. 您的职业：　　　学生　　政府公务员　　事业单位工作者

企业工作人员　　专业技术人员　　个体户　　自由职业者　　其他

5. 您每月的网购金额：　　100 元以下　　101～200 元　　201～300 元　　301～400 元　　401～500 元　　501～1000 元　　1001～2000 元　　2000 元以上

说明：由于在校大学生的样本同时包含了部分 MBA 学生，所以在问卷调查中依然保留了第一部分中的第 2、3、4 项的调查内容，在此予以说明。

第二部分　消费者在线个性化产品定制意向调查

本部分是对您在线个性化产品定制意向的调查。各个数字代表题项与个人主观或实际情况的符合程度，根据您对在线个性化产品定制的了解情况，请在相应选项上画"√"。

```
------- 1 ------- | ---- 2 ---- | ---- 3 ---- | ---- 4 ---- | ---- 5 ---- | ---- 6 ---- | ---- 7 -------
非常不同意 不同意 不太同意 不好说 有点同意 同意 非常同意
```

1. 关于在线个性化定制中的产品涉入度方面的感受，您是否同意下面这些描述？

序号	产品涉入度	1～7 代表同意程度不断提高						
1.1	在线个性化产品定制对我很重要	①	②	③	④	⑤	⑥	⑦
1.2	在线个性化定制产品跟我密切相关	①	②	③	④	⑤	⑥	⑦
1.3	与他人探讨在线个性化产品定制是令人愉快的事情	①	②	③	④	⑤	⑥	⑦
1.4	在线个性化产品定制中，参与产品的设计是有趣的	①	②	③	④	⑤	⑥	⑦
1.5	在线个性化产品定制对我非常有吸引力	①	②	③	④	⑤	⑥	⑦

2. 关于在线个性化产品定制中自我形象表达方面的感受，您是否同意下面的这些描述？

序号	个人形象表达	1~7代表同意程度不断提高						
2.1	通过在线个性化产品定制，可以提升我的个人魅力	①	②	③	④	⑤	⑥	⑦
2.2	通过在线个性化产品定制，有助于提高我的个人声誉	①	②	③	④	⑤	⑥	⑦
2.3	使用个性化定制产品可以快速获得他人的关注	①	②	③	④	⑤	⑥	⑦

3. 关于在线个性化产品定制中的自我建构方面的感受，您是否同意下面这些描述？

序号	自我建构	1~7代表同意程度不断提高						
3.1	在线个性化产品定制有助于实现我对产品的设想	①	②	③	④	⑤	⑥	⑦
3.2	通过在线个性化产品定制，我可以展示我的设计和创意能力	①	②	③	④	⑤	⑥	⑦
3.3	通过在线个性化产品定制，我可以表达我的感受	①	②	③	④	⑤	⑥	⑦

4. 关于在线个性化产品定制的意向方面的感受，您是否同意下面的这些描述？

序号	在线个性化产品定制意向	1~7代表同意程度不断提高						
4.1	我有兴趣尝试在线定制一个个性化产品	①	②	③	④	⑤	⑥	⑦
4.2	我打算在不久的将来在线定制一个个性化产品	①	②	③	④	⑤	⑥	⑦

--------问卷到此全部结束，感谢您的时间与参与，祝您生活愉快--------

主要参考文献

[1] 曹文，陈红，高笑，Jackson T. 选择、自我表达与选择扩散效应 [J]. 心理学报，2009，41（8）：753 – 762

[2] 陈洁，丛芳，康枫. 基于心流体验视角的在线消费者购买行为影响因素研究 [J]. 南开管理评论，2009，12（2）：132 – 140

[3] 陈阳，施俊琦，王明姬等. 消费者独特性需求量表的研究 [J]. 心理科学，2005，28（6）：1449 – 1451

[4] 邓新明. 中国情境下消费者的伦理购买意向研究——基于 TPB 视角 [J]. 南开管理评论，2012，15（3）：22 – 32

[5] 段文婷，江光荣. 计划行为理论述评 [J]. 心理科学进展，2008，16（2）：315 – 320

[6] 高芙蓉，高雪莲. 国外信息技术接受模型研究述评 [J]. 研究与发展管理，2011，23（2）：95 – 105

[7] 姜启源. 数学实验与数学建模 [J]. 数学的实践与认识，2001，31（5）：613 – 617

[8] 李东进，吴波，武瑞娟. 中国消费者购买意向模型——对 Fishbein 合理行为模型的修正 [J]. 管理世界，2009（1）：121 – 129

[9] 李泊洲，徐广玉，苏屹. 中小企业合作创新行为形成机理研究——基于计划行为理论的解释架构 [J]. 科学学研究，2014，32（5）：777 – 786

［10］刘健，张宁．基于计划行为理论的高速铁路乘坐意向研究［J］．管理学报，2014，11（9）：1403－1410

［11］刘石兰，郝斌．消费者创新性对新产品创新性行为的权变影响［J］．科学学研究，2012，30（2）：312－320

［12］楼尊．参与的乐趣——一个有中介的调节模型［J］．管理科学，2010，23（2）：69－76

［13］马永斌，王其冬，万文海．消费者创新研究综述与展望［J］．外国经济与管理，2013，35（8）：71－80

［14］毛基业，李晓燕．理论在案例研究中的作用——中国企业管理案例论坛（2009）综述与范文分析［J］．管理世界，2010（2）：107－113，140

［15］戚海峰．人际间影响敏感性对中国消费者独特性需求的作用机制研究［J］．管理学报，2012，9（2）：289－295

［16］素芳，黄江明．质性研究设计与写作的若干策略——基于中国企业管理案例与质性研究论坛（2012）会议综述［J］．管理世界，2013（2）：136－140

［17］苏秦，李钊，崔艳武，陈婷．网络消费者行为影响因素分析及实证研究［J］．系统工程，2007，25（2）：1－6

［18］王海忠，王骏旸，罗捷彬．要素品牌策略与产品独特性评价：自我建构和产品性质的调节作用［J］．南开管理评论，2012，15（4）：111－117

［19］韦铁，鲁若愚．多主体参与的开放式创新模式研究［J］．管理工程学报，2011，25（3）：133－138

［20］吴剑琳，代祺，古继宝．产品涉入度、消费者从众与品牌承诺：品牌敏感的中介作用——以轿车消费市场为例［J］．管理评论，2011，23（9）：68－75

［21］吴亮，邵培基，盛旭东，叶全福．基于改进型技术接受模型的物联网服务采纳实证研究［J］．管理评论，2012，24（3）：66－74，131

［22］谢恩，黄缘缘，赵锐．不同维度信任相互作用及对在线购物意愿影响研究［J］．管理科学，2012，25（2）：69－77

［23］杨勇，马钦海，谭国威，杨春江．情绪劳动策略与顾客忠诚：顾客认同和情绪价值的多重中介作用［J］．管理评论，2015，27（4）：144－155

［24］阎俊，何欣．消费者DIY的动机研究［J］．经济管理，2010，32（8）：99－105

［25］朱丽叶，卢泰宏．消费者自我建构研究述评［J］．外国经济与管理，2008，30（2）：42－49

［26］赵斌，陈玮，李新建等．基于计划行为理论的科技人员创新意愿影响因素模型构建［J］．预测，2013，32（4）：58－63

［27］赵斌，栾虹，李新建，付庆凤．科技人员创新行为产生机理研究——基于计划行为理论［J］．科学学研究，2013，31（2）：286－297

［28］赵欣，周密，于玲玲，刘倩．基于情感依恋视角的虚拟社区持续使用模型构建——超越认知判断范式［J］．预测，2012，31（5）：14－20

［29］张明立，贾薇，王宝．基于独特性需要调节作用的顾客参与研究［J］．管理工程学报，2011，25（2）：53－61

［30］张锦涛，陈超，王玲娇等．大学新生网络使用时间与网络成瘾的关系：有中介的调节模型［J］．心理学报，2014，46（10）：1521－1533

［31］张德鹏，林萌菲，陈晓雁，张馥丽．顾客参与创新对口碑

推荐意愿的影响研究：心理所有权的中介作用 ［J］. 管理评论，2015，27（12）：131－140

［32］Aaker J L. The malleable self. The role of self-expression in persuasion ［J］. Journal of Marketing Research，1999，36（1）：45－57

［33］Abrahamson E，Hambrick D C. Attentional homogeneity in industries：The effect of discretion ［J］. Journal of Organizational Behavior，1997，18（S1）：513－532

［34］Addis M，Holbrook M B. On the conceptual link between mass customization and experiential consumption：An explosion of subjectivity ［J］. Journal of Consumer Behaviour，2001，1（1）：50－66

［35］Adolphs C，Winkelmann A. Personalization research in E-commerce：A state of the Art review（2000－2008）［J］. Journal of Electronic Commerce Research，2010，11（4）：326－341

［36］Adner R，Levinthal D. Demand heterogeneity and technology evolution：Implications for product and process innovation ［J］. Management Science，2001，47（5）：611－628

［37］Agarwal R，Karahanna E. Time flies when you're having fun：Cognitive absorption and beliefs about information technology usage ［J］. MIS Quarterly，2000，24（4）：665－694

［38］Ahuvia A C. Beyond the extended self：Loved objects and consumers' identity narratives ［J］. Journal of Consumer Research，2005，32（1）：171－184

［39］AI－Rafee S，Cronan T P. Digital piracy：Factors that influence attitude toward behavior ［J］. Journal of Business Ethics，2006，63（3）：237－259

［40］Ajzen I. The Theory of planned behavior ［J］. Organizational Behavior and Human Decision Processes, 1991, 50 (2): 179 – 211

[41] Ajzen I. Perceived behavioral control, self-efficacy, locus of control, and the theory of planned behavior [J]. Journal of Applied Social Psychology, 2002, 32 (4): 665 – 683

[42] Andrews J C, Durvasula S. Suggestions for manipulating and measuring involvement in advertising message content [J]. Advancces in Consumer Research, 1991, 18 (1): 194 – 201

[43] Ang C, Talib M A, Tan K, et al. Understanding computer-mediated communication attributes and life satisfaction from the perspectives of uses and gratifications and self-determination [J]. Computers in Human Behavior, 2015, 49 (8): 20 – 29

[44] Ansari A, Mela C F. E-customization [J]. Journal of Marketing Research, 2003, 40 (2): 131 – 145

[45] Arts J W, Frambach R T, Bijmolt T H A. Generalizations on consumer innovation adoption: A meta-analysis on drivers of intention and behavior [J]. International Journal of Research in Marketing, 2011, 28 (2): 134 – 144

[46] Ashtonjames C E, Maddux W W, Galinsky A D, et al. Who I am depends on how I feel [J]. Psychological Science, 2009, 20 (3): 340 – 346

[47] Awad N F, Krishnan M S. The personalization privacy paradox: An empirical evaluation of information transparency and the willingness to be profiled online for personalization [J]. MIS Quarterly, 2006, 30 (1): 13 – 28

[48] Balakrishnan V, Shamim A. Malaysian Facebookers: Motives and addictive behaviors unraveled [J]. Computers in Human behavior,

2013, 29 (4): 1342 – 1349

[49] Baron R M, Kenny D A. The moderator-mediator variable distinction in social psychological research: Conceptual strategic, and statistical considerations [J]. Journal of Personality and Social Psychology, 1986, 51 (6): 1173 – 1182

[50] Bagozzi R. The poverty of economic explanations of consumption and an action theory alternative [J]. Managerial and Decision Economics, 2000, 21 (3): 95 – 109

[51] Bandura A. Health promotion from the perspective of social cognitive theory [J]. Psychology and Health, 1998, 13 (4): 623 – 649

[52] Belk R. Possessions and the extended self [J]. Journal of Consumer Research, 1988, 15 (2): 139 – 168

[53] Bendapudi N, Leone R P. Psychological implications of customer participation in co – Production [J]. Journal of Marketing, 2003, 67 (1): 14 – 28

[54] Bharadwaj N, Naylor R W, Hofstede F. Consumer response to and choice of customized versus standardized systems [J]. International Journal of Research in Marketing, 2009, 26 (3): 216 – 277

[55] Bloch P H, Brunel F F, Arnold T J. Individual difference in the centrality of visual product aesthetics: Concept and measurement [J]. Journal of Consumer Research, 2003, 29 (4): 551 – 565

[56] Blom J O, Monk A F. Theory of personalization of appearance: Why users personalize their PCs and mobile phones [J]. Human-computer Interaction, 2003, 18 (3): 193 – 228

[57] Bock G, Zmud R W, Kim Y, et al. Behavioral intention formation in knowledge sharing: Examining the roles of extrinsic motivations,

social-psychological forces, and organizational climate [J]. MIS Quarterly, 2005, 29 (1): 87 – 111

[58] Bolton R, Iyer S S. Interactive services: A framework, synthesis and research directions [J]. Journal of Interactive Marketing, 2009, 23 (1): 91 – 104

[59] Brun A, Vorzini M. Evaluation of product customization strategies through modularization and postponement [J]. International Journal of Production Economics, 2009, 120 (1): 205 – 220

[60] Bulgurcu B, Cavusoglu H, Benbasat I. Information security policy compliance: An empirical study of rationality-based beliefs and information security awareness [J]. MIS Quarterly, 2010, 34 (3): 523 – 548

[61] Burns D J, Krampf R F. Explaining innovative behavior: Uniqueness-seeking and sensation-seeking [J]. International Journal of Advertising, 1992, 11 (3): 227 – 237

[62] Burn A, Zorzini M. Evaluation of product customization strategies through modularization and postponement [J]. International Journal of Production Economics, 2009, 120 (1): 205 – 220

[63] Cardoso P R, Costa H S, Novais L A. Fashion consumer profiles in the Portuguese market: Involvement, innovativeness, self-expression and impulsiveness as segmentation criteria [J]. International Journal of Consumer Studies, 2010, 34 (6): 638 – 647

[64] Carrington M J, Neville B A, Whitwell G J. Why ethical consumers don't walk their talk: towards a framework for understanding the gap between the ethical purchase intentions and actual buying behaviour of ethically minded consumers [J]. Journal of Business Ethics, 2010, 97 (1): 139 – 158

［65］ Carley K. Coding choices for textual analysis：A comparison of content analysis and map analysis ［J］. Sociological Methodology，1993，23（1）：75 – 126

［66］ Chan C，Berger J，Boven L V. Identifiable but not identical：Combining social identity and uniqueness motives in choice ［J］. Journal of Consumer Research，2012，39（3）：561 – 573

［67］ Chernev A. Goal orientation and consumer preference for the status quo ［J］. Journal of Consumer Research，2004，31（3）：557 – 565

［68］ Chua A Y K，Goh D H，Lee C S. Mobile content contribution and retrieval：An exploratory study using the uses and gratifications paradigm ［J］. Information Processing and Management，2012，48（1）：13 – 22

［69］ Coulter R A，Price L L，Feick L. Rethinking the origins of involvement and brand commitment：Insights from Postsociaiist centrai Europe ［J］. Journal of Consumer Research，2003，30（2）：151 – 169

［70］ Couper M P，Traugott M W，Lamias M J. Web survey design and administration ［J］. Public Opinion Quarterly，2001，65（2）：230 – 253

［71］ Curras – Perez R，Ruiz – Mafe C，Sanz – Blas S. Determinants of user behavior and recommendation in social networks ［J］. Industrial Management & Data Systems，2014，114（9）：1477 – 1498

［72］ Davis F D，Bagozzi R P，Warshaw P R. User acceptance of computer technology：A comparison of two theoretical models ［J］. Management Science，1989，35（8）：982 – 1003

［73］ Davis F D. Perceived Usefulness，Perceived ease of use，and user acceptance of information technology ［J］. MIS Quarterly，1989，13（3）：319 – 340

［74］ Dellaert B G C, Stremersch S. Marketing mass-customized products: Striking a balance between utility and complexity ［J］. Journal of Marketing Research, 2005, 42 (2): 219 – 227

［75］ Detlor B, Hupfer M, Ruhi U, Zhao L. Information quality and community municipal portal use ［J］. Government Information Quarterly, 2013, 30 (1): 23 – 32

［76］ Dewan R, Jing B, Seidmann A. Product customization and price competition on the Internet ［J］. Management Science, 2003, 49 (8): 1055 – 1070

［77］ Dholakia U M. A motivational process model of product involvement and consumer risk perception ［J］. European Journal of Marketing, 2001, 35 (11/12): 1340 – 1360

［78］ Durvasula S, Lysonski S, Watson J. Does vanity describe other cultures? A cross-cultural examination of the vanity scale ［J］. The Journal of Consumer Affairs, 2001, 35 (1): 180 – 199

［79］ Egan V, McCorkindale C. Narcissism, vanity, personality and mating effort ［J］. Personality and Individual Differences, 2007, 43 (8): 2105 – 2115

［80］ Elo S, Kyngas H. The qualitative content analysis process ［J］. Journal of Advanced Nursing, 2008, 62 (1): 107 – 115

［81］ Ernst H, Hoyer W D, Krafft M, Krieger K. Customer relationship management and company performance: The mediating role of new product performance ［J］. Journal of the Academy of Marketing Science, 2011, 39 (2): 290 – 306

［82］ Fassinger R E. Paradigms, praxis, problems and promise: Grounded theory in counseling psychology research ［J］. Journal of Counseling Psychology, 2005, 52 (2): 156 – 166

[83] Fiore A M, Lee S, Kunz G. Individual differences, motivations, and willingness to use a mass customization option for fashion products [J]. European Journal of Marketing, 2004, 38 (7): 835 – 849

[84] Fishbein M. Attitude and prediction of behavior [M]. Readings in Attitude Theory and Measurement. New York: Wiley, 1967: 477 – 492

[85] Fishbein M, Ajzen I. Belief, attitude, intention, behavior. Addision – Wesley, Reading, MA, 1975

[86] Fontana A, Frey J H. The interview: from neutral stance to political involvement [M]. Thousand Oaks, CA: Sage, 2005

[87] Franke N, Schreier M, Kaiser U. The "I design it myself" effect in mass customization [J]. Management Science, 2010, 56 (1): 125 – 140

[88] Franke N, Piller F. Value creation by toolkits for user innovation and design: The case of the watch market [J]. Journal of Product Innovation Management, 2004, 21 (6): 401 – 415

[89] Franke N, Keinz P, Steger C J. Testing the value of customization: When do customers really prefer products tailored to their preferences? [J]. Journal of Marketing, 2009, 73 (5): 103 – 121

[90] Franke N, Schreier M. Product uniqueness as a driver of customer utility in mass customization [J]. Marketing Letters, 2008, 19 (2): 93 – 107

[91] Franke N, Hippel E V. Satisfying heterogeneous user needs via innovation toolkits: The case of apache security software [J]. Research Policy, 2002, 32 (7): 1199 – 1215

[92] Franke N, Schreier M. Why customers value self-designed prod-

ucts: The importance of process effort and enjoyment [J]. Journal of Product Innovation Management, 2010, 27 (7): 1020 – 1031

[93] Fromkin H. L. Feelings of interpersonal indistinctiveness: An unpleasant affective state [J]. Journal of Experimental Research in Personality, 1972, 6 (2 – 3): 178 – 185

[94] Gaetano M, Ricotta F, Costabile M. Customizing customization: A conceptual framework for interactive personalization [J]. Journal of Interactive Marketing, 2007, 21 (2): 6 – 25

[95] Garcia R, Calantone R. A critical look at technological innovation typology and innovativeness terminology: A literature review [J]. The Journal of Product Innovation Management, 2002, 19 (2): 110 – 132

[96] Gefen D, Karahanna E. Trust and TAM in online shopping: An integrated model [J]. MIS Quarterly, 2003, 27 (1): 51 – 90

[97] Glaser B, Strauss A L. The discovery of grounded theory: Strategies for qualitative study [M]. Chicago: Aidine Pub. Co. , 1967

[98] Goldsmith R E, Freiden J B. Have it your way: Consumer attitudes toward personalized marketing [J]. Marketing Intelligence & Planning, 2004, 22 (2): 228 – 239

[99] Hansen T, Jensen J M, Solgaard H S. Predicting online grocery buying intention: A comparison of the theory of reasoned action and the theory of planned behavior [J]. International Journal of Information Management, 2004, 24 (6): 539 – 550

[100] Hassan L M, Shiu E, Parry S. Addressing the cross-country applicability of the theory of planned behavior (TPB): A structured review of multi-country TPB studies [J]. Journal of Consumer Behaviour, 2016, 15 (1): 72 – 86

［101］ Hegde V G, Kekre S, Rajiv S, et al. Customization: Impact on product and process performance ［J］. Production and Operations Management, 2005, 14（4）: 388 – 399

［102］ Heijden H, Verhagen T, Creemers M. Understanding online purchase intentions: Contributions from technology and trust perspectives ［J］. European Journal of Information Systems, 2003, 12（1）: 41 – 48

［103］ Hew K F, Hara N. Knowledge sharing in online environments: a qualitative case study ［J］. Journal of the American Society for Information Science and Technology, 2007, 58（14）: 2310 – 2324

［104］ Hsieh J, Rai A, Keil M. Understanding digital inequality: comparing continued use behavioral models of the socio-economically advantaged and disadvantaged ［J］. MIS Quarterly, 2008, 32（1）: 97 – 126

［105］ Hippel E V. Successful industrial products from customer ideas ［J］. Journal of Marketing, 1978, 42（1）: 39 – 49

［106］ Hippel E V, Krogh G V. Open source software and the "private-collective" innovation model: Issues for organization science ［J］. Organization Science, 2003, 14（2）: 209 – 223

［107］ Ho S Y, Bodoff D. The effects of web personalization on user attitude and behavior: An integration of the elaboration likelihood model and consumer search theory ［J］. MIS Quarterly, 2014, 38（2）: 497 – 520

［108］ Hoch S J, Loewenstein G F. Time-inconsistent preferences and consumer self-control ［J］. Journal of Consumer Research, 1991, 17（4）: 492 – 507

［109］ Holland R W, Verplanken B, Knippenberg A. From repetition to conviction: Attitude accessibility as a determinant of attitude certainty ［J］. Journal of Experimental Social Psychology, 2003, 39（6）: 594 –

601

[110] Hsee C K, Yang Y, Gu Y J, et al. Specification seeking: How product specifications influence consumer preference [J]. Journal of Consumer Research, 2009, 35 (6): 952 – 966

[111] Huang L Y, Hsieh Y. Predicting online game loyalty based on need gratification and experiential motives [J]. Internet Research, 2011, 21 (5): 581 – 598

[112] Huang X, Dong P, Mukhopadhyay A. Proud to belong or proudly different? Lay theories determine contrasting effects of incidental pride on uniqueness seeking [J]. Journal of Consumer Research, 2014, 41 (3): 697 – 712

[113] Hunt D M, Radford S T, Evans K R. Individual differences in consumer value for mass customized products [J]. Journal of Consumer Behavior, 2013, 12 (4): 327 – 336

[114] Im S, Bayus B L, Mason C H. An empirical study of innate consumer innovativeness, personal characteristics, and new product adoption behavior [J]. Journal of the Academy of Marketing, 2003, 31 (1): 61 – 73

[115] Irmak C, Vallen B, Sen S. You like what I like, but I don't like what you like: Uniqueness motivations in product preferences [J]. Journal of Consumer Research, 2010, 37 (3): 443 – 455

[116] Iyengar S S, Lepper M R. Rethinking the value of choice: A culture perspective on intrinsic motivation [J]. Journal of Personality and Social Psychology, 2010, 76 (3): 349 – 366

[117] James W L, Sonner B S. Just say no to traditional student samples [J]. Journal of Advertising Research, 2001, 41 (5): 33 – 52

[118] Jarvenpaa S L, Staples D S. The use of collaborative electronic media for information sharing: An exploratory study of determinants [J]. Journal of Strategic Information Systems, 2000, 9 (2 – 3): 129 – 154

[119] Jerry W, Rangaswamy A. Customerization: The next revolution in mass customization [J]. Journal of Interactive Marketing, 2001, 15 (1): 13 – 32

[120] Ji P, Fu W W. Love Internet, love online content [J]. Internet Research, 2013, 23 (4): 396 – 413

[121] Jiang Y, Shang J, Kemerer C F, et al. Optimizing E-tailer profits and customer savings: Pricing multistage customized online bundles [J]. Marketing Science, 2011, 30 (4): 737 – 752

[122] Johnson C, Ein – Gar D. Being hedonic and becoming prudent [J]. Advances in Consumer Research, 2008, 35 (ends): 957

[123] Joo J, Sang Y. Exploring Koreans' smartphone usage: An integrated model of the technology acceptance model and uses and gratifications theory [J]. Computers in Human behavior, 2013, 29 (6): 2512 – 2518

[124] Kamis A, Koufaris M, Stern T. Using an attribute-based decision support system for user-customized products online: An experimental investigation [J]. MIS Quarterly, 2008, 32 (1): 159 – 177

[125] Kamis A, Stern T, Ladik D M. A flow-based model of web site intentions when users customize products in business-to-consumer electronic commerce [J]. Information System Frontiers, 2010, 12 (2): 157 – 168

[126] Karahanna E, Agarwal R, Angst C M. Re-conceptualizing compatibility beliefs in technology acceptance research [J]. MIS Quarterly, 2006, 30 (4): 679 – 704

[127] Kamali N, Loker S. Mass customization: Online consumer in-

volvement in product design [J]. Journal of Computer – Mediated Communication, 2002, 7 (4): 0 – 0 (unknown)

[128] Kankanhalli A, Tan B C Y, Wei K. Contributing knowledge to electronic knowledge repositories: An empirical investigation [J]. MIS Quarterly, 2005, 29 (1): 113 – 143

[129] Kaplan A M, Schoder D, Haenlein M. Factors influencing the adoption of mass customization: The impact of base category consumption frequency and need satisfaction [J]. The Journal of Product Innovation Management, 2007, 24 (2): 101 – 116

[130] Kidwell B, Jewell R D. An examination of perceived behavioral control: Internal and external influence on intention [J]. Psychology & Marketing, 2003, 20 (7): 625 – 642

[131] Kim H S, Drolet A. Choice and self-expression: A culture analysis of variety-seeking [J]. Journal of Personality and Social Psychology, 2003, 85 (2): 373 – 382

[132] Kim H S, Sherman D K. Express yourself: Culture and the effect of self-expression on choice [J]. Journal of Personality and Social Psychology, 2007, 92 (1): 1 – 11

[133] Klein H K, Myers M D. A set of principles for conducting and evaluating interpretive field studies in information systems [J]. MIS Quarterly, 1999, 23 (1): 67 – 93

[134] Kleine S S, Baker S M. An integrative review of material possession attachment [J]. Academy of Marketing Science Review, 2004, 23 (1): 4 – 41

[135] Kogut T, Kogut E. Possession attachment: Individual differences in the endowment effect [J]. Journal of Behavioral Decision Making,

2011，24（4）：377 - 393

[136] Komiak S Y X，Benbasat，I. The effects of personalization and familiarity on trust and adoption of recommendation agents [J]. MIS Quarterly，2006，30（4）：941 - 960

[137] Kramer T，Weisfeld S，Thakkar M. The effect of cultural orientation on consumer responses to personalization [J]. Marketing Science，2007，26（2）：246 - 258

[138] Kressmann F，Sirgy M J，Herrmann A，et al. Direct and indirect effects of self-image congruence on brand loyalty [J]. Journal of Business Research，2006，59（9）：955 - 964

[139] Koren Y. The global manufacturing revolution：Product process business integration and reconfigurable systems [M]. Wiley，2010

[140] Koufaris M. Applying the technology acceptance model and flow theory to online consumer behavior [J]. Information Systems Research，2002，13（2）：205 - 223

[141] Kumar A. From mass customization to mass personalization：A strategic transformation [J]. International Journal of Flexible Manufacturing Systems，2007，19（4）：533 - 547

[142] Kwon K，Kim C. How to design personalization in a context of customer retention：Who personalizes what and to what extent？[J]. Electronic Commerce Research and Applications，2012，11（2）：101 - 116

[143] Kwong J Y Y，Leung K. A moderator of the interaction effect procedural justice and outcome favorability：Importance of the relationship [J]. Organizational Behavior and Human Decision Processes，2002，87（2）：278 - 299

[144] Levav J，Heitmann M，Herrmann A，et al. Order in product

customization decisions: Evidence from field experiments [J]. Journal of Political Economy, 2010, 118 (2): 274 – 299

[145] Li T, Unger T. Willing to pay for quality personalization? Trade-off between quality and privacy [J]. European Journal of Information Systems, 2012, 21 (6): 621 – 642

[146] Liang T P, Chen H, Du T, et al. Effect of personalization on the perceived usefulness of online customer services: A dual-core theory [J]. Journal of Electronic Commerce Research, 2012, 13 (4): 275 – 288

[147] Liang T P, Lai H J, Ku Y C. Personalized content recommendation and customer satisfaction: Theoretical synthesis and empirical findings [J]. Journal of Management Information Systems, 2006, 23 (3): 45 – 70

[148] Lu L, Gilmour R. Developing a new measure of independent and interdependent views of the self [J]. Journal of Research in Personality, 2007, 41 (1): 249 – 257

[149] Luo M M, Remus W. Uses and gratifications and acceptance of web-based information services: An Integrated model [J]. Computers in Human behaviors, 2014, 38 (3): 281 – 295

[150] Lynn M, Harris J. Individual differences in the pursuit of self-uniqueness through consumption [J]. Journal of Applied Social Psychology, 1997, 27 (21): 1861 – 1883

[151] Lynn M, Harris J. The desire for uniqueness consumer products: A new individual differences scale [J]. Psychology and Marketing, 1997, 14 (6): 601 – 616

[152] Lynn M, Snyder C R. Uniqueness seeking [M]. Handbook of

Positive Psychology, 2002: 395 – 410

[153] Mathieson K. Predicting user intentions: Comparing the technology acceptance model with the theory of planned behavior [J]. Information Systems Research, 1991, 2 (3): 173 – 191

[154] Mathwick C, Rigdon E. Play, flow, and the online search experience [J]. Journal of Consumer Research, 2004, 31 (2): 324 – 332

[155] Mendelson H, Parlakturk A K. Competitive customization [J]. Manugacturing & Service Operations Management, 2008, 10 (3): 377 – 390

[156] Mendelson H, Parlakturk A K. Product-line competition: Customization vs. proliferation [J]. Management Science, 2008, 54 (12): 2039 – 2053

[157] Miceli G, Ricotta F, Costabile M. Customizing customization: A conceptual framework for interactive personalization [J]. Journal of Interactive Marketing, 2007, 21 (2): 6 – 25

[158] Michel S, Kreuzer M, Kuhn R, et al. Mass-customised products: Are they bought for uniqueness or to overcome problems with standard products [J]. Journal of Customer Behaviour, 2009, 8 (4): 307 – 327

[159] Mittal B. I, me, and mine—how products become consumers' extended selves [J]. Journal of Consumer Behaviour, 2006, 5 (6): 550 – 562

[160] Moon Y. Personalization and personality: Some effects of customizing message style based on consumer personality [J]. Journal of Consumer Psychology, 2002, 12 (4): 313 – 326

[161] Moon J, Chadee D, Tikoo S. Culture, product type, and price influences on consumer purchase intention to buy personalized products

online [J]. Journal of Business Research, 2008, 61 (1): 31 – 39

[162] Montgomery A L, Smith M D. Prospects for personalization on the Internet [J]. Journal of Interactive Marketing, 2009, 23 (2): 130 – 137

[163] Monsuwe T P, Dellaert B G C, Ruyter K. What drives consumers to shop online? A literature review [J]. International Journal of Service Industry Management, 2004, 15 (1): 102 – 121

[164] Mugge R, Schoormans J, Schifferstein H. Emotional bonding with personalized products [J]. Journal of Engineering Design, 2009, 20 (5): 467 – 476

[165] Namenwirth J, Weber R P. Dynamics of cultures [M]. Winchester, 1990, MA: Allen & Unwin

[166] Netemeyer R G, Burton S, Lichtenstein D R. Trait aspects of vanity: Measurement and relevance to consumer behavior [J]. Journal of Consumer Research, 1995, 21 (4): 612 – 626

[167] Novak T P, Hoffman D L, Yung Y F. Measuring the customer experience in online environments: A structural modeling approach [J]. Marketing Science, 2000, 19 (1): 22 – 42

[168] Novshek W, Thoman L. Demand for customized products, production flexibility, and price competition [J]. Journal of Economics & Management Strategy, 2006, 15 (4): 969 – 998

[169] Oberseder M, Schlegelmilch B B, Gruber V. Why don't consumers care about CSR? A qualitative study exploring the role of CSR in consumption decisions [J]. Journal of Business Ethics, 2011, 204 (4): 449 – 460

[170] Olbrich R, Holsing C. Modeling consumer purchasing behavior

in social shopping commnuties with clickstream data ［J］. International Journal of Electronic Commerce, 2011, 16（2）: 15 – 40

［171］ Pappas I O, Kourouthanassis P E, Giannakos M N, et al. Shiny happy people buying: the role of emotions on personalized e-shopping ［J］. Electron Markets, 2014, 24（3）: 193 – 206

［172］ Patrick V, Kristof D, Sarah S. The relationship between consumers' unethical behavior and customer loyalty in a retail environment ［J］. Journal of Business Ethics, 2003, 44（4）: 261 – 278

［173］ Pavlou P A, Fygenson M. Understanding and predicting electronic commerce adoption: An extension of the theory of planned behavior ［J］. MIS Quarterly, 2006, 30（1）: 115 – 143

［174］ Pierce J L, Kostova T, Dirks K T. Towards a theory of psychological ownership in organizations ［J］. Academy of Management Review, 2001, 26（2）: 298 – 310

［175］ Pierce J L, O'driscoll M P, Coghlan A M. Work environment structure and psychological ownership: The mediating effects of control ［J］. The Journal of Social Psychology, 2004, 144（5）: 507 – 534

［176］ Postma O J, Brokke M. Personalisation in practice: The proven effects of personalisation ［J］. Journal of Database Marketing, 2002, 9（2）: 137 – 142

［177］ Randall T, Terwiesch C, Ulrich K T. User design of customized products ［J］. Marketing Science, 2007, 26（2）: 268 – 280

［178］ Ransbotham S, Kane G C, Lurie N H. Network Characteristics and the Value of Collaborative User – Generated Content ［J］. Marketing Science, 2012, 31（3）: 387 – 405

［179］ Reb J, Connolly T. Possession, feelings of ownership, and the endowment effect [J]. Judgment and Decision Making, 2007, 2 (2): 107 – 114

[180] Reed A. Activating the self-importance of consumer selves: Exploring identity salience effects on judgments [J]. Journal of Consumer Research, 2004, 31 (2): 286 – 295

[181] Reed A, Forehand M R, Puntoni S, et al. Identity-based consumer behavior [J]. International Journal of Research in Marketing, 2012, 29 (4): 310 – 321

[182] Richins M L, Dawson S. A consumer values orientation for materialism and its measurement: Scale development and validation [J]. Journal of Consumer Research, 1992, 19 (3): 303 – 316

[183] Ros S, Hernandez R, Caminero A, et al. On the use of extended TAM to assess students' acceptance and intent to use third-generation learning management systems [J]. British Journal of Educational Technology, 2014, 46 (6): 1250 – 1271

[184] Ruvio A. Unique like everybody else? The dual role of consumers' need for uniqueness [J]. Psychology & Marketing, 2008, 25 (4): 444 – 464

[185] Saenger C, Thomas V L, Johnson J W. Consumption-focused self-expression world of mouth: A new scale and its role in consumer research [J]. Psychology & Marketing, 2013, 30 (11): 959 – 970

[186] Schreier M. The value increment of mass-customized products: An empirical assessment [J]. Journal of Consumer Behavior, 2006, 5 (4): 317 – 327

[187] Schau H J, Gilly M C. We are what we post? Self-presentation in personal web space [J]. Journal of Consumer Research, 2003, 30 (3): 385 – 404

［188］Simonson I，Nowlis S M. The role of explanations and need for uniqueness in consumer decision making：Unconventional choices based on reasons［J］. Journal of Consumer Research，2000，27（1）：49 – 68

［189］Simonson，I. Determinants of customers' responses to customized offers：Conceptual framework and research propositions［J］. Journal of Marketing，2005，69（1）：32 – 45

［190］Singelis T M. The measurement of independent and interdependent self-construals［J］. Personality and Social Psychology Bulletin，1994，20（5）：580 – 591

［191］Shang R A，Chen Y C，Shen L. Extrinsic versus intrinsic motivations for consumers to shop online［J］. Information & Management，2005，42（3）：401 – 413

［192］Shu S B，Peck J. Psychological ownership and affective reaction：Emotional attachment process variables and the endowment effect［J］. Journal of Consumer Psychology，2011，21（4）：439 – 452

［193］Silveira G D，Borenstein D，Fogliatto F S. Mass customization：Literature review and research directions［J］. International Journal of Production Economics，2001，72（1）：1 – 13

［194］Skipworth H，Harrison A. Implications of form postponement to manufacturing a customized product［J］. International Journal of Production Research，2006，44（8）：1627 – 1652

［195］Snibbe A C，Markus H R. You can't always get what you want：Educational attainment，agency，and choice［J］. Journal of Perosnality and Social Psychology，2005，88（4）：703 – 720

［196］Snyder C R，Fromkin H L. Abnormality as a positive characteristic：The development and validation of a scale measuring need for uniqueness〔J〕. Journal of Abnormal Psychology, 1977, 86 (5): 518 – 527

〔197〕 Snyder C R. Product scarcity by need for uniqueness interaction: A consumer catch – 22 carousel? 〔J〕. Basic and Applied Social Psychology, 1992, 13 (1): 9 – 24

〔198〕 Solomon, M. R. Consumer behavior: Buying, having, and being〔M〕. Needham Heights, MA: Allyn & Bacon, 1992

〔199〕 Srite M, Karahanna E. The role of espoused national culture values in technology acceptance〔J〕. MIS Quarterly, 2006, 30 (3): 679 – 704

〔200〕 Stafford T F, Stafford M R, Schkade L L. Determining uses and gratifications for the Internet〔J〕. Decision Sciences, 2004, 35 (2): 259 – 288

〔201〕 Steelman Z R, Hammer B I, Limayem M. Data collection in the digital age: Innovative alternatives to student samples〔J〕. MIS Quarterly, 2014, 38 (2): 355 – 378

〔202〕 Strahilevitz M I, Loewenstein G. The Effect of ownership history on the valuation of objects〔J〕. Journal of Consumer Research, 1998, 25 (3): 276 – 289

〔203〕 Strauss A L, Corbin J M. Basics of qualitative research: Grounded theory procedures and techniques〔M〕. Newbury Park: Sage Publications, 1990

〔204〕 Strauss A L, Corbin J M. Basics of qualitative research techniques and procedures for developing grounded theory (2nd ed.)〔M〕. Thousand Oaks, CA: Sage, 1998

〔205〕 Sutanto J, Palme E, Tan C, et al. Addressing the personalization-privacy paradox: An empirical assessment from a field experiment on smartphone uses [J]. MIS Quarterly, 2013, 37 (4): 1141 - 1164

[206] Swinyard W R. The effects of mood, involvement, and quality of store experience on shopping intentions [J]. Journal of Consumer Behavior, 1993, 20 (2): 271 - 280

[207] Syam N B, Krishnamurthy P, Hess J D. That's what I thought I wanted? Miswanting and regret for a standard good in a mass-customized world [J]. Marketing Science, 2008, 27 (3): 379 - 397

[208] Syam N B, Ruan R, Hess J D. Customized products: A competitive analysis [J]. Marketing Science, 2005, 24 (4): 569 - 584

[209] Syam N B, Kumar N. On customized goods, standard goods, and competition [J]. Marketing Science, 2006, 25 (5): 525 - 537

[210] Synder C R, Fromkin H L. Uniqueness: The human pursuit of difference [M]. New York: Plenum, 1980

[211] Tam K Y, Ho S Y. Web personalization as a persuasion strategy: An elaboration likelihood model perspective [J]. Information Systems Research, 2005, 16 (3): 271 - 291

[212] Tam K Y, Ho S Y. Understanding the impact of web personalization on user information processing and decision outcomes [J]. MIS Quarterly, 2006, 30 (4): 865 - 890

[213] Teng C. Customization, immersion satisfaction, and online gamer loyalty [J]. Computers in Human Behavior, 2010, 26 (6): 1547 - 1554

[214] Thirumalai S, Sinha K K. Customization strategies in electronic retailing: Implications of customer purchase behavior [J]. Decision Sciences, 2009, 40 (1): 5 - 35

［215］Thirumalai S, Sinha K K. To personalize or not to personalize online purchase interactions: Implications of self-selection by retailers ［J］. Information Systems Research, 2013, 24（3）: 683 – 708

［216］Thomas K, Suri S W, Maneesh T. The effect of cultural orientation on consumer responses to personalization ［J］. Marketing Science, 2007, 26（2）: 246 – 258

［217］Thongpapanl N, Ashraf A R. Enhancing online performance through website content and personalization ［J］. Journal of Computer Information Systems, 2011, 52（1）: 3 – 13

［218］Tian K T, Bearden W O, Hunter G L. Consumers' need for uniqueness: Scale development and validation ［J］. Journal of Consumer Research, 2001, 28（1）: 50 – 66

［219］Tian K T, McKenzie M. The long-term predictive validity of the consumers' need for uniqueness scale ［J］. Journal of Consumer Psychology, 2001, 10（3）: 171 – 193

［220］Tsao W C, Chang H R. Exploring the impact of personality traits on online shopping behavior ［J］. African Journal of Business Management, 2010, 4（9）: 1800 – 1812

［221］Un C A, Cuervo – Cazurra A, Asakawa K. R&D collaborations and product innovation ［J］. Product Development & Management Association, 2010, 27（5）: 673 – 689

［222］Valenzuela A, Dhar R, Zettelmeyer F. Contingent response to self-customization procedures: Implications for decision satisfaction and choice ［J］. Journal of Marketing Research, 2009, 46（6）: 754 – 763

［223］Venkatesh V, Speier C, Morris M G. User acceptance enablers in individual decision making about technology: Toward an integrated model [J]. Decision Sciences, 2003, 33 (2): 297 – 316

[224] Venkatesh V. Creation of favorable user perceptions: Exploring the role of intrinsic motivation [J]. MIS Quarterly, 1999, 23 (2): 239 – 260

[225] Venkatesh V, Brown S A. A longitudinal investigation of personal computers in homes: Adoption determinants and emerging challenges [J]. MIS Quarterly, 2001, 25 (1): 71 – 102

[226] Von Hippel E, Ogawa S, De J P J. The age of the consumer-innovator [J]. MIT Slogan Management Review, 2011, 53 (1): 27 – 35

[227] Vesanen J. What is personalization? A conceptual framework [J]. European Journal of Marketing, 2007, 41 (5/6): 409 – 418

[228] Wan E W, Xu J, Ding Y. To be or not to be unique? The effect of social exclusion on consumer choice [J]. Journal of Consumer Research, 2013, 40 (6): 1109 – 1122

[229] Wang Y J, Minor M S, Wei J. Aesthetics and the online shopping environment: Understanding consumer responses [J]. Journal of Retailing, 2011, 87 (1): 46 – 58

[230] West R, Turner L. Introducing communication theory: Analysis and application [M]. Bosten: McGraw – Hill, 2010

[231] Wei P S, Lu H. Why do people play mobile social games? An examination of network externalities and of uses and gratifications [J]. Internet Research, 2014, 24 (3): 313 – 331

[232] Weaver C T, Buff C L. You are so vain…want to buy a counterfeit product? An exploratory study of vanity and counterfeit product purchase [J]. Review of Business Research, 2012, 12 (4): 150 – 155

[233] Weber, R. (1990). Basis content analysis (2nd ed.).

Thousand Oaks, CA: Sage Publications

[234] Workman J E, Lee S H. Vanity and public self-consciousness: A comparison of fashion consumer groups and gender [J]. International Journal of Consumer Studies, 2011, 35 (3): 307 – 315

[235] Wu J H, Wang S C, Tsai H H. Falling in love with online game: The uses and gratifications perspective [J]. Computers in Human Behavior, 2010, 26 (6): 1862 – 1871

[236] Xu H, Luo X R, Carroll J M, et al. The personalization privacy paradox: An exploratory study of decision making process for location-aware marketing [J]. Decision Support Systems, 2011, 51 (1): 42 – 52

[237] Yang H W. Bon appetite for Apps: Young American consumers' acceptance of mobile applications [J]. Journal of Computer Information Systems, 2013, 53 (3): 85 – 96

[238] Yassine A, Kim K, Roemer T, et al. Investigating the role of IT in customized product design [J]. Production Planning & Control, 2004, 15 (4): 422 – 434

[239] Yi M Y, Fiedler K D, Park J S. Understanding the role of individual innovativeness in the acceptance of IT-based innovations: Comparative analysis of models and measures [J]. Decision Sciences, 2006, 37 (3): 393 – 425

[240] Yin R K. Case study research: Design and methods (3rd ed.) [M]. Thousand Oaks, CA: Sage, 2003

[241] Yoon S, Simonson I. Choice set configuration as a determinant of preference attribution and strength [J]. Journal of Consumer Research, 2008, 35 (2): 324 – 336

[242] Zaichkowsky J L. Measuring the involvement construct [J].

Journal of Consumer Research, 1985, 12 (3): 341 -352

［243］Zaichkowsky J L. Conceptualizing involvement ［J］. Journal of Advertising, 1986, 15 (2): 4 -34

［244］Zhou L, Dai L, Zhang D. Online Shopping acceptance model: A critical survey of consumer factors in online shopping ［J］. Journal of Electronic Commerce Research, 2007, 8 (1): 41 -62

后　记

　　本书是在我的博士毕业论文基础上撰写完成的，岁月如白驹过隙，转眼间已经毕业近两年的时间了。两年来，信息技术和互联网经济飞速发展，国内电子商务行业在发展质量和发展速度上也得到了长足的进步。因此，本书根据最新的科研成果和文献，对博士毕业论文进行了部分修改和完善。

　　回顾攻读博士学位的四年，经历了艰辛、纠结、煎熬和惆怅，收获的是成长、自信、成熟和坚毅。猛然醒悟，原来被众人描述为痛苦的科研和论文写作无非只是一场"旅行"，我只需要关注沿途的风景以及看风景的心情即可，而不必在乎目的地指向哪里。朝朝暮暮又一载，每个人都像是匆匆过客，幸好在我的旅行中，有师友相伴、家人相陪。正是如此，这一段艰辛的求学时光，承载了太多的关爱和鼓励，帮助和支持，我内心充满了无限的感激。

　　完成博士论文并出版专著，要感谢的人有很多。首先，我要感谢我的导师严建援教授。严老师严谨的治学态度、渊博的专业知识、崇高的学术品格、宽阔的科研视野为我在科研上树立了很好的学习榜样。严老师的悉心指导和关键点拨，都让我收获了长足的进步。在平时的生活中，严老师对我也是非常照顾，她平易近人、和蔼可亲，每当有生活上的困惑她总是愿意作为一个好的聆听者和引路人，解读我的生活，指引我的方向，在此向严老师表示衷心的感谢。

　　我还要特别感谢芬兰奥卢大学的合作导师赵立教授，在芬兰将近一年的学习时间里，赵老师不仅在理论基础、研究方法、英文写作技巧、英语口语等学习方面给我很多帮助，而且在职业生涯规划上给我具有建设性意义的指导。赵老师精益求精的治学态度，对于科研的一腔热忱，深深地影响了我对待科研的态度和方式。在学习和科研之余，赵老师也会经常和我探讨生活的意义、奋斗的价值和为人处世的困惑及无奈。每一次的讨论与分享，都记录了我的成长和积累，感谢赵老师在宁静的奥卢分享我的科研经验和生活阅历。

　　感谢我的父母和家人，每当我迷茫、彷徨，快要失去动力和前进的勇气时，他们总是在默默的支持和付出，他们给予我的爱和动力，是我成长道路上一笔非常宝贵的财富！同样需要感谢我自己，感谢那个对于梦想勇于追求，即使遭遇再大的困难也不退缩，直面挑战的自我。正是一次又一次的不妥协、不放弃，才让我意识到我的潜力有多大，我的信心有多强。

　　能够出版专著，要感谢重庆工商大学商务策划学院的各位领导和老师对我的鼓励、支持和帮助。感谢经济科学出版社责任编辑的鼎力支持，使得本书有机会出版。作为一名高校教师，不仅要开展学术研究，还要给学生授课，所肩负的责任更加巨大，需要对自身有更好的要求。再次认真审视自己的博士毕业论文，发现有很多不足之处和需要改进的地方，希望专家和读者谅解并指正。

甄　杰

2018 年 5 月